KB203485

소선지서 강해설교

스바냐

심판과 은혜

소선지서 강해설교

스바냐

심판과 은혜

김서택 지음

홍성사

너를 잠잠히 사랑하시며

여름철에 큰 태풍이 불어 세상 모든 것을 집어삼킬 듯 사납게 날뛸 때는 한없이 무섭지만, 태풍이 지나가고 난 후의 바다나 하늘을 보면 그렇게 깨끗하고 아름다울 수가 없습니다. 하나님도 한 번씩 세상을 흔드실 때가 있습니다. 그래야 거짓된 불의의 세력들이 밀려 나가고, 인간들이 정신을 차려서 하나님을 두려워하게 되기 때문입니다. 바다에 한 번씩 큰 태풍이 불면 바다 속이 완전히 뒤집혀서 깨끗해진다는 말을 들은 적이 있는데, 바로 그 원리와 같습니다.

스바냐서는 불의로 가득 찬 세상을 하나님이 크게 흔드시는 내용으로 이루어져 있습니다. 하나님은 예루살렘도 흔드시고 주위 나라들도 흔드십니다. 그리고 그 가운데서 택한 백성들을 불러 모아 하나님을 찬송하게 하십니다.

요즘도 하나님께서 세계를 흔들고 계시는 것 같습니다. 테러로 흔드시고 북핵 문제로 흔드십니다. 그러나 그 가운데서도 우리 믿는 자들은 방향을 잃지 않고 믿음의 바른길을 가야 합니다. 하나님은 어떠한 위기 속에서도 능히 우리의 구원을 이루실 전능자시며 우리를 잠잠히 사랑하시는 분이심을 잊지 마시기 바랍니다.

2004년 12월
대구 수성교 옆에서

김희택

차 례

■일러두기
1. 이 책은 2001년 9월부터 11월까지 대구 동부교회에서 설교한 내용을 정리한 것입니다.
2. 본문에 인용된 성경구절의 문장부호는 *New International Version*을 참고로, 편집자가 첨부한 것입니다.

1

돌이킬 수 없는 진노

스바냐 1:1-6

^{1:1} 아몬의 아들 유다 왕 요시야의 시대에 스바냐에게 임한 여호와의 말씀이라.
스바냐는 히스기야의 현손이요 아마랴의 증손이요 그다랴의 손자요
구시의 아들이었더라.

² 여호와께서 가라사대 "내가 지면에서 모든 것을 진멸하리라.

³ 내가 사람과 짐승을 진멸하고 공중의 새와 바다의 고기와 거치게 하는 것과
악인들을 아울러 진멸할 것이라. 내가 사람을 지면에서 멸절하리라.
나 여호와의 말이니라.

⁴ 내가 유다와 예루살렘 모든 거민 위에 손을 펴서 바알의 남아 있는 것을 그곳에서
멸절하며 그마림이란 이름과 및 그 제사장들을 아울러 멸절하며

⁵ 무릇 지붕에서 하늘의 일월성신에게 경배하는 자와 경배하며 여호와께 맹세하면서
말감을 가리켜 맹세하는 자와

⁶ 여호와를 배반하고 좇지 아니한 자와 여호와를 찾지도 아니하며 구하지도
아니한 자를 멸절하리라."

1:1-6

베트콩이 사이공을 대대적으로 공격하여 베트남이 무너지게 되었을 때, 미국 대통령이 의회에 베트남에 대한 추가예산을 요청했습니다. 그러나 그것은 하나의 요식행위에 불과했습니다. 미국은 이미 베트남을 도울 수 없다는 결론을 내린 상태였습니다. 의회가 추가예산 인정을 거부한 지 며칠 후, 사이공은 함락되었습니다. 우리는 이럴 때 "대세가 이미 기울었다"는 표현을 씁니다.

병원에서 근무하시는 분들은 이런 경우를 자주 경험할 것입니다. 환자들 중에는 스스로 병을 이겨 낼 힘을 가진 사람이 있는가 하면, 이미 기운이 다 빠져서 생명의 불씨가 꺼져 가는 사람도 있습니다. 살아날 힘이 있는 환자는 약을 주고 수술해서 살려 낼 수 있지만, 이미 생명이 꺼져 가고 있는 환자는 아무리 약을 주고 수술을 해도 생명을 약간 연장시키는 것이 고작일 뿐, 다시 살려 낼 수는 없습니다.

요시야 왕 때 유다와 예루살렘은 이미 생명의 불씨가 꺼져 가고 있는 상태였습니다. 요시야는 유다의 마지막 불꽃이었습니다. 그는 8세 때 왕위에 올랐고, 할아버지 므낫세나 아버지 아몬과 달리 하나님께 충성된 삶을 살았습니다. 그는 왕이 된 지 8년째 되는 해에 하나님을 인격적으로 만났고, 그로부터 4년 후에 예루살렘을 가득 채우고 있던 우상 종교를 타파하고 나라를 개혁했으며, 다시 6년 후에 성전을 수리하다가 여호와의 율법책을 발견했습니다. 그 율법책에는 하나님의 백성들이 하나님을 버리고 우상을 섬기면 반드시 망한다고 쓰여 있었습니다. 요시야와 백성들은 그 말씀 앞에 통곡하면서 죄를 자복했습니다. 그리고 여선지자 훌다에게 사람을 보내어 예루살렘이 앞으로 어떻게 될 것인지 물었습니다. 그러자 훌다는 이미 대세가 기울어 유다를 살릴 수는 없지만, 요시야의 개혁으로 그 멸망의 때를 약간 지연시킬 수는 있다고 대답했습니다. 요시야는 꺼져 가는 유다의 마지막 등불이었지만, 그가 아무리 우상을 타파하고 성전을 청결케 하며 온 백성들과 함께 통곡하면서 회개해도 유다를 되살릴 수는 없었습니다. 백성들의 마음이 워낙 오염되어 있고 썩어 있었기 때문에 그 상태에서 되살린다 한들 아무 의미가 없었습니다.

스바냐는 요시야의 종교개혁에 동참했던 선지자였습니다. 그는 요시야가 유다를 되살려 보려고 안간힘을 쓰던 때에 부르심을 받아, 그런 식의 형식적인 개혁으로는 유다를 되살릴 수 없음을 지적했습니다. 유다를 되살리려면 사람들의 중심을 변화시켜야 하는데, 그것은 인간의 힘으로 할 수 있는 일이 아니었습니다.

우리는 요시야의 개혁을 보면서 대통령이나 권력자 한두 사람이 부르짖는 개혁이 얼마나 피상적인지, 사람의 본질을 바꾸는 부분에 얼마나 무력한지 깨닫게 됩니다. 그동안 우리 사회는 '개혁'이라는 말을 굉장히 많이 썼습니다. 그러나 한 사람 한 사람을 진정으로 변화시키지 못하는 개혁의 실체를 우리는 지금 목격하고 있습니다. 그러한 개혁으로 멸망의 속도는 약간 늦출 수 있을지 몰라도, 부흥의 불길을 다시 일으킬 수는 없습니다.

스바냐의 예언은 이미 꺼져 가고 있던 옛 유다가 아니라 오늘 우리 신약 교회에 주시는 말씀입니다. 이 말씀은 우리가 어떻게 하면 영원히 꺼지지 않는 부흥의 불길을 일으킬 수 있는지, 어떻게 하면 피상적이고 제도적인 변화가 아니라 한 사람 한 사람의 근본적인 변화를 일으킬 수 있는지 가르쳐 줍니다.

히스기야와 요시야

스바냐는 자신을 이렇게 소개하고 있습니다. "아몬의 아들 유다 왕 요시야의 시대에 스바냐에게 임한 여호와의 말씀이라. 스바냐는 히스기야의 현손이요 아마랴의 증손이요 그다랴의 손자요 구시의 아들이었더라"(1:1).

대개 선지자들은 자신을 소개할 때 '누구의 아들'이나 '어디에 사는 누구'라는 식으로 소개합니다. 유다에는 이름이 같은 사람들이 많았기 때문에 이렇게 소개하지 않으면 구별하기 어려웠습니다. 그러나 스바냐는 아버지뿐 아니라 할아버지, 증조 할아버지, 심지어 고조 할아버지까지 소개하고 있습니다. 그의 고조 할아버지는 히스기야였습니다. 이 히스기야는 유다를 개혁한 히스기야 왕일 가능성이 큽니다. 그렇지 않다면 굳이 고조 할아버지의 이름까지 밝힐 필요가 없습니다.

그렇다면 그는 왜 여기에서 히스기야의 이름을 밝히고 있을까요? 아마도 히스기야와 요시야 사이에 비슷한 점이 많기 때문일 것입니다. 특히 하나님의 성전을 개혁하려는 열정에서 두 사람은 많이 닮아 있었습니다. 그러나 두 왕의 개혁 모두 완전한 성공은 거두지 못했습니다. 위로부터 시작된 개혁으로 눈에 보이는 우상들은 철폐하고 변질된 예배는 회복시킬 수 있었지만, 한 사람 한 사람의 마음속 깊이 자리잡고 있는 우상숭배의 심리와 거짓된 신앙은 바꿀 수 없었습니다. 그럼에도 불구하고 이 두 왕의 개혁이 없었다면 유다는 진작에 멸망했을 것이며 이른바 '남은 자'들도 생기지 않았을 것입니다.

스바냐가 히스기야의 현손이었다면 요시야 왕과 굉장히 가까운 사이였을 것이며, 요시야의 개혁적인 신앙이 거의 스바냐에게서 나왔으리라는 것을 짐작할 수 있습니다. 그러나 스바냐는 요시야의 개혁으로 유다가 완전히 치료될 수 없다는 사실을 알고 있었습니다. 그래서 요시야의 몸부림에도 불구하고 어둡고 무서운 여호와의 날이 찾아오고야 말 것을 선포하고 있습니다.

여호와의 날은 어떤 날입니까? 예루살렘이 비참하게 멸망하는 날입니다. 그러나 그것이 곧 끝은 아닙니다. 하나님은 유다의 남은 자들을 다시 모으실 것이고, 그들을 기뻐하시며 그들 가운데 거하실 것입니다. 예루살렘의 멸망은 하나님의 종교개혁입니다. 사람은 우상 섬기지 말라고 타이르거나 눈에 보이는 우상을 때려 부순다고 해서 변하지 않습니다. 오히려 말리면 말릴수록 뒤에 감추어 놓고 몰래 믿습니다. 사람은 자기가 의지하고 믿던 것을 전부 빼앗기고 인생 밑바닥에 주저앉게 되어야 비로소 우상을 포기합니다. 그래서 하나님이 예루살렘 멸망을 통해 근본적인 개혁을 단행하신 것입니다.

요시야의 할아버지와 아버지인 므낫세와 아몬 왕 때, 유다는 신앙적으로 완전히 시궁창에 빠져 버렸습니다. 예루살렘 안에서 참된 신앙을 가진 사람을 한 명도 발견할 수 없을 정도로 변질되어 버렸습니다. 그런데도 요시야가 다시 신앙의 불을 붙일 수 있었던 것은 히스기야가 일으켰던 개혁의 불씨가 그때까지 남아 있었기 때문입니다.

영국 청교도와 18세기 종교부흥의 관계도 같은 식으로 이해할 수 있습니다. 엘리자베스 1세 때부터 약 100년간을 청교도 시대라고 합니다. 청교도들은 신약성경의 가르침으로 돌아가는 일에 상당한 열정을 가지고 있던 사람들이었습니다. 그런데 찰스 2세가 즉위하고 왕정복고가 이루어지면서 그 운동이 소멸되어 버렸습니다. 청교도들은 신대륙으로 이주했고, 영국의 신앙은 깊은 침체와 부패에 빠져들었습니다. 그런데 그로부터 100년 후, 웨슬리를 중심으로 영국에 다시 한 번 신앙의 불길이 타올랐습니다. 웨슬리나 휘트필드 같은 사람들의 설교를 듣고 수만 명씩 울며 회개하는 역사가 일어난 것입니다. 어떻게 이러한 부흥의 역사가 일어날 수 있었을까요? 그들의 마음속 깊은 곳에 청교도들이 지펴 놓은 신앙의 불씨가 남아 있었기 때문입니다. 영국이 프랑스와 달리 유혈 혁명을 피할 수 있었던 것은 웨슬리의 종교개혁 덕분이라고 말하는 사람들이 많이 있습니다. 그가 교도소를 개혁하고 탄광촌의 아동 학대를 막는 등, 여러 부분을 미리 개혁했기 때문에 폭력적인 혁명이 일어나지 않았다는 것입니다.

우리의 가슴속에도 신앙의 순결을 지키기 위해 죽음을 불사한 순교자들의 신앙이 희미하게나마 살아 있습니다. 손양원, 주기철 목사님 같은 분들은 아주 오래전에 살았던 옛날 사람들이 아니라, 바로 지난 세기에 살았던 사람들입니다. 그분들의 설교를 들었던 분들이 아직도 생존해 있습니다.

스바냐가 왜 히스기야의 이야기를 꺼내고 있을까요? 그 당시 사람들은 히스기야를 옛날 사람으로 생각했을지 모릅니다. 그러나 사실은 요시야보다 불과 100년 전 사람이었습니다. 스바냐는 히스기야가 지펴 놓은 불씨가 여전히 살아 있음을 믿었습니다. 말씀의 역사만 나타나면 얼마든지 다시 불붙을 수 있음을 믿었습니다. 이것이 유다가 가진 믿음의 저력이었습니다.

물론 그렇다고 해서 예루살렘이 완전히 소생하지는 못한다는 사실을 선지자는 알고 있었습니다. 왕이 위로부터 일으키는 제도적인 개혁은 예루살렘의 생명을 얼마간 연장시킬 수 있겠지만 완전히 살려 내지는 못할 것입니다. 예루살렘이 살아나려면 한 사람 한 사람이 근본적으로 변화되어 하나님 앞에 바로 서야 합니다. 그렇게 되지 않는 한 하나님 나라의 온전한 회복은 불가능합니다.

하나님의 계획

스바냐는 하나님의 말씀을 기다리고 있는 유다 백성들에게 대단히 불길한 예언을 하고 있습니다. "여호와께서 가라사대 '내가 지면에서 모든 것을 진멸하리라. 내가 사람과 짐승을 진멸하고 공중의 새와 바다의 고기와 거치게 하는 것과 악인들을 아울러 진멸할 것이라. 내가 사람을 지면에서 멸절하리라. 나 여호와의 말이니라'"(1:2-3).

이 구절에는 '진멸하다'라는 뜻을 지닌 히브리어 '아셉'이 여러 번 등장하고 있습니다. "내가 지면에서 모든 것을 진멸하리라"

는 구절의 히브리어 원문은 '모든 것을 멸하고 또 멸하리라'입니다. 대충 심판해서 죽을 사람은 죽고 운 좋은 사람은 살아남게 두는 것이 아니라, 끝까지 추적해서 완전히 멸망시킬 때까지 심판의 손을 거두지 않으시겠다는 것입니다.

하나님은 구체적으로 "사람과 짐승을 진멸하고 공중의 새와 바다의 고기"를 진멸하겠다고 말씀하십니다. 이렇게 하나님께서 지면의 모든 것을 진멸하겠다고 말씀하신 때가 언제입니까? 노아홍수 때입니다. 그런데 그때와 다른 점이 한 가지 있습니다. 노아홍수 때에는 심판의 대상에서 제외되었던 물고기가 여기에는 포함되어 있는 것입니다. 이것은 심판의 범위가 더 넓어진 것을 의미합니다. 노아 홍수 때보다 더 철저하고 완벽한 심판이 이루어지는 것입니다.

하나님은 홍수 이후 무지개를 보여 주시며, 다시는 홍수로 세상을 멸하지 않겠다는 언약을 주셨습니다. 그것은 홍수뿐 아니라 다른 어떤 천재지변으로도 멸하지 않고 지켜 주신다는 약속이었습니다. 그런데 이제 하나님은 모든 것을 진멸하겠다고 말씀하십니다. 그때는 제외되었던 물고기까지 진멸하겠다고 말씀하십니다. 이것이 무슨 뜻입니까?

'진멸하다'라는 말에는 '거두어들이다'라는 뜻이 담겨 있습니다. 즉, 예루살렘의 멸망을 통해 단순히 유대인만 심판하시는 것이 아니라 온 세상을 거두어들여서 인류 역사 자체를 종료하시겠다는 것입니다. 예수님도 누가복음에서 예루살렘의 멸망과 우주의 멸망을 연결시켜 말씀하고 계십니다. 다시 말해서 예루살렘의 멸망은 우주적인 멸망, 종말적인 심판의 시작인 것입니다.

하나님은 "거치게 하는 것과 악인들"도 아울러 진멸하겠다고 하십니다. 악인을 진멸한다는 말씀은 쉽게 이해가 되는데, "거치게 하는 것"이란 대체 무엇일까요? "거치게 하는 것"은 원래 '쓰레기 더미'를 의미합니다. 집을 고치다가 나온 흙이나 쓰레기 더미를 길에 방치하면 밤에 지나가는 행인들이 걸려 넘어지게 됩니다. 잘 걸어가던 이스라엘 백성들을 걸려 넘어지게 만든 것이 무엇입니까? 유다의 왕족과 지도자들이 끌어들인 우상이었습니다. 지도층이 먼저 우상을 섬기니까 다른 백성들도 '아, 하나님을 저렇게 믿어도 되는구나' 하면서 전부 걸려 넘어져 버린 것입니다.

그렇다면 지상의 모든 것을 진멸하는 일과 우상숭배 사이에는 무슨 관계가 있을까요? 대체 무슨 관계가 있기에 유다 백성들이 우상을 숭배했다고 해서 공중의 새와 짐승과 사람과 물고기까지 진멸하신다는 것입니까?

하나님은 유다 백성을 온 세상의 대표로 세우셨습니다. 유다 백성이 하나님 앞에서 정직하게 살면 공중의 새와 물 속의 물고기와 들짐승까지 전부 복을 주십니다. 반면에, 유다 백성이 우상을 섬기고 부패하면 그들만 멸하시는 것이 아니라 짐승과 새와 물고기까지, 하나님을 모르는 사람들까지 전부 멸하십니다.

하나님은 모든 것을 이러한 대표의 원리로 보십니다. 하나님이 처음에 세상을 창조하셨을 때, 세상 모든 것을 사람에게 맡기셨습니다. 그리고 사람이 타락하자 다른 피조물들도 함께 심판하여 고통 가운데 두셨습니다. 노아 홍수 때에도 죄를 지은 것은 사람이었지만 짐승과 새까지 전부 멸하셨습니다. 그 이유가 무엇입니까? 사람이 모든 피조물의 대표이기 때문입니다. 그래서 유다 백성들이 하나님을 제대로 섬기지 않고 말도 못하는 우상을 섬겼을 때, 짐승과 공중의 새와 이방인들뿐 아니라 물고기까지 멸하겠다고 말씀하신 것입니다.

이처럼 하나님의 백성이 범죄하면 자신만 심판받는 것이 아니라 온 세상까지 심판의 사정거리 안으로 끌어들이게 됩니다. 그러면 사람들이 벼락을 맞아 죽는 일도 생기고, 교통사고를 당해서 죽는 일도 생기고, 강도를 만나서 죽는 일도 생깁니다. 그 사람들이 "왜 우리에게 좀더 시간을 주시지 않았습니까?"라고 항의할 때, 하나님은 이렇게 대답하실 것입니다. "내 백성들이 믿음을 지키지 않았기 때문이다. 내 백성들이 성령 충만해서 말씀을 붙들 때 너희에게 시간을 주면 회개할 가능성이 있겠지만, 그들이 저 모양 저 꼴로 사는데 너희에게 시간을 준들 무슨 소용이 있겠느냐? 시간을 주면 줄수록 죄만 더 짓지 않겠느냐?"

하나님은 "사람을 지면에서 멸절하리라"는 말씀을 대단히 강조하십니다. 선한 사람이든 악한 사람이든 다 없어진다는 것입니다. 태초에 세상에는 사람도 없었고 짐승도 없었습니다. 그런데 하나님께서 그 많은 짐승과 새와 사람을 만드신 것은 하나님의 백성을 만드시기 위해서였습니다. 세상은 하나님의 백성을 훈련하기 위한 훈련장입니다. 그런데 아무도 훈련받으려 하지 않는다면 세상은 존재할 필요가 없어집니다. 새나 짐승이나 물고기도 존재할 필요가 없어집니다.

그래서 하나님의 백성은 나 한 사람만 생각하면 안 됩니다. 내가 세상의 대표라는 사실을 항상 명심해야 합니다. 믿지 않는 식구들이나 이웃, 직장 동료들뿐 아니라 집에서 키우는 화초와 애완견까지 전부 내 책임 아래 있습니다. 운동경기에서도 대표선수가 지면 그 나라 전체가 지게 되지 않습니까? 지금 얼마나 많은 관중이 나를 지켜보고 있는지 모릅니다. 나 한 사람이 넘어지면 내 뒤에서 100명, 1,000명이 같이 넘어집니다. 한 가정의 가장이 술에 빠져서 재산을 탕진하거나 뇌물을 받아 잡혀 갈 때 온 가족이 비참해지는 것과 같습니다. 우리가 정신을 차리지 못하고 시시한 것들에 마음을 빼앗기는 것은 다른 사람들이나 짐승들을 전부 죽음에 내어주는 짓이나 다름없습니다. 우리가 정신을 차려야 하나님께서 가능성이 있다고 판단해서, 들짐승도 보호해 주시고 새들도 지켜 주시며 하나님을 모르는 악인들에게도 기회를 주시는 것입니다.

우리는 봉사나 구제를 통해서도 세상을 도울 수 있습니다. 그러나 그보다 더 근본적으로 세상을 돕는 방법은 정신 똑바로 차리고 제대로 믿는 것입니다. 우리가 어떻게 믿느냐에 따라 세상이 망할 수도 있고 복을 받을 수도 있습니다. 우리가 타락하면 하나님을 모르는 사람들이 전부 긍휼 없는 심판의 사정거리 안으로 들어가 버립니다.

또한 우리는 다른 사람의 영혼에 대해 항상 긴급한 마음을 가져야 합니다. 누군가에게 하나님의 말씀이 필요하다고 생각되면 머뭇거리지 말고 찾아가야 합니다. 전에 어떤 목사님이 이런 이야기를 한 적이 있습니다. 그 목사님이 사는 동네에 술 때문에 인생을 망친 사람이 있었는데, 술을 끊고 교회에 나오게 되었습니다. 어느 날, 그 사람이 목사님을 꼭 만나고 싶으니 와 달라고 청했습니다. 그런데 목사님이 너무 피곤한 나머지 찾아가지 못했습니다. 그날, 그 사람은 사탄의 큰 시험에 빠져 그동안 마시지 않던 술까지 전부 퍼마시고 옛 생활로 돌아가 버렸습니다.

제2차 세계대전이 한창일 때, 영국의 한 목사님은 그 전주까지도 분명히 눈에 띄던 형제나 자매들이 보이지 않는 것을 발견했습니다. 그중에는 군대에서 출격했다가 죽은 사람도 있었고 폭격으로 죽은 사람도 있었습니다. 그는 '오늘 이 예배가 마지막이 될 사람들도 있겠구나!' 라는 것을 깨닫고, 매번 자신의 설교가 마지막 말씀이 될지도 모른다는 절박한 심정으로 설교했다고 합니다.

갑작스러운 재난이나 무서운 사고나 테러는 우연히 일어나는 것이 아닙니다. 하나님의 백성들이 정신을 차리지 못하고 죄에 빠지면, 그때부터 세상은 무방비 상태에 돌입하게 됩니다. 이 세상을 살리는 길은 우리가 세상의 대표자로 하나님 앞에 바로 서는 것이라는 사실을 잊지 마시기 바랍니다.

거짓된 신앙의 네 가지 유형

오늘 본문은 유다 백성들이 바른 신앙에서 멀어진 여러 가지 유형을 잘 보여 주고 있습니다. 첫 번째 유형은 종교인들이 좋은 바알 신앙입니다. "내가 유다와 예루살렘 모든 거민 위에 손을 펴서 바알의 남아 있는 것을 그곳에서 멸절하며 그마림이란 이름과 및 그 제사장들을 아울러 멸절하며"(1:4).

원래 하나님이 손을 펴신다는 것은 그 백성들을 붙들어 주시고 지켜 주신다는 의미로 사용되는 말입니다. 그런데 여기에서는 백성들을 끝까지 심판하신다는 의미로 사용되고 있습니다. 그 뜻을 완전히 이루실 때까지 손을 거두지 않으신다는 것입니다.

왜 그렇게 하십니까? "바알의 남아 있는 것" 때문입니다. 요시야는 바알 신상을 전부 부수고 불태워 버렸습니다. 그러나 유다 백성들의 마음속에는 여전히 바알이 살아 있었습니다. 눈에 보이는 신상은 깨졌지만, 그들의 생활과 사고는 여전히 바알을 좇고 있었습니다. 하나님은 그것을 뿌리 뽑기 원하셨습니다.

그런데 그 일은 제도적인 개혁으로 이루어지지 않습니다. 바벨론으로 보내서 오래오래 세척하는 기간이 필요합니다. 실제로 유다 백성들에게 속속들이 배어 있던 바알의 흔적을 빼내기까지 70년이라는 세월이 걸렸습니다. 사람은 편하면 편할수록 점점 더 편한 생활을 추구하게 되어 있습니다. 그렇기 때문에 모든 것이 갖추어진 환경에서 편안히 살면서 스스로 낮춘다는 것은 거의 불가능한 일입니다. 예를 들어 텔레비전을 좋아하는 사람이 집에 텔레비전이 있는데도 보지 않고 참을 수 있겠습니까? 정말 텔레비전을 보지 않기로 결심했다면 텔레비전 자체를 없애 버리든지 텔레비전을 아예 볼 수 없는 훈련소로 들어가 버리든지 해야 합니다.

예루살렘에는 여전히 "그마림"이 남아 있었습니다. "그마림"은 거짓 제사장을 가리킵니다. 왜 그런 자들이 남아 있었습니까? 그들을 찾는 사람들이 있었기 때문입니다. 아무도 찾아가지 않았다면 벌써 사라졌을 것입니다. 하나님께서 안타까워하시는 점이 바로 이것입니다. 왜 철저한 결단을 내리지 못하느냐는 것입니다.

얼마 전 윤락가 단속에 관해 취재한 내용이 방영된 적이 있는데, 경찰이 아무리 단속해도 별의별 수단을 다 동원해서 빠져 나가는 윤락업자들의 모습을 볼 수 있었습니다. 왜 윤락가가 없어지지 않을까요? 찾는 사람들이 있기 때문입니다. 아무리 사회적으로 맹렬히 비난하고 위반자들의 명단을 발표해도 그들을 찾아가는 사람들이 있는 한 윤락가는 사라지지 않을 것입니다. 그마림도 마찬가지입니다.

하나님은 그마림이라는 이름을 완전히 없애기 위해 유다 백성들을 바벨론으로 보내 버리셨습니다. 바벨론에서는 더 이상 그런 고급 우상을 섬길 수 없었습니다. 포로수용소 안에서는 여호와 종교도, 바알 종교도 가질 수가 없었습니다. 그런 공백상태로 수십 년 동안 정신적인 샤워를 해야 겨우 바알을 잊게 되는 것입니다. 바알 신앙은 그 정도로 무섭습니다.

우상숭배는 인간의 본질과 관련되어 있습니다. 인간은 자기를 위해 복 빌어 준다고 하면 찾아가게 되어 있고, 위기가 닥치면 혹시 하는 마음으로 점치게 가게 되어 있습니다. 점치러 갈 돈도 없고, 점쟁이도 찾을 수 없는 상황이 되어야 겨우 점치는 것을 포기할 정도로 우리는 죄의 인이 깊이 박인 사람들입니다. 그것을 빼내려면 죄지을 돈이 하나도 없어야 합니다. 돈이 있는 한 죄짓고 싶은 욕망이 꿈틀거려서 도저히 참고 앉아 있지 못합니다.

두 번째 유형은 하늘의 태양과 별을 숭배하는 신앙입니다. "무릇 지붕에서 하늘의 일월성신에게 경배하는 자와"(1:5 상).

태양과 별을 숭배하는 것은 가나안 종교가 아니라 애굽과 바벨론의 종교였습니다. 요시야의 개혁 이후에도 몰래 자기 집 지붕에 올라가 태양이나 달이나 별을 숭배하는 자들이 상당히 많았던 것 같습니다. 이렇게 일월성신을 섬기는 자들은 대개 운명론자들입니다. 사람의 운명은 정해져 있어서 바꾸지 못한다고 믿는 것입니다. 그들은 그렇게 정해져 있는 불행한 운명을 막으려면 일정한 종교의식을 행해야 한다고 생각했습니다.

유다 백성들은 왜 이러한 외국 종교를 받아들였을까요? 여호와 종교의 특징은 처음부터 끝까지 말씀만 듣는 것입니다. 가만히 앉아서 계속 말씀만 들으려니 얼마나 지겹고 답답합니까? 그런데 귀족들이 외국에 나가서 보니 이방인들은 그렇게 답답하게 믿지 않았습니다. 그들의 종교의식은 역동적이면서도 재미가 있었습니다. 별이 빛나는 밤에 서로 손에 손을 잡고 빙빙 돌기도 하고 알아들을 수 없는 소리를 중얼거리기도 했습니다. 그래서 자신들도 그 종교의식을 흉내내기 시작했습니다.

오늘날에도 이색적인 신앙을 찾는 이들이 많이 있습니다. 그러나 교회는 너무 이색적인 것을 좋아하면 안 됩니다. 중요한 것은 '듣는 귀'입니다. 유다 귀족들은 자신들이 흉내내는 종교의식 속에 자신들의 영혼을 썩게 만드는 부패한 요소가 들어 있다는 것, 그들의 영성을 다 빼앗아 가는 무서운 독이 들어 있다는 것을 알지 못했습니다.

세 번째 유형은 여호와의 이름도 부르고 이방 신도 숭배하는 신앙입니다. "경배하며 여호와께 맹세하면서 말감을 가리켜 맹세하는 자와"(1:5하).

유다 백성 중에는 하나님도 섬기고 말감도 섬기는 자들이 있었습니다. 그 이유가 무엇입니까? 여러 신을 섬길수록 도움을 얻을 가능성도 커진다고 생각했기 때문입니다. 마치 주식에 투자할 때 한 회사에 집중적으로 투자하지 않고, 분산해서 투자하는 것과 같습니다. 이 신 저 신 다 섬기다 보면 어느 신이든 도와주지 않겠느냐는 것입니다. 이런 자들에게 신앙은 일종의 보험과 같습니다. '여호와가 안 도와주면 말감이 도와주고, 말감이 안 도와주면 곳감이라도 도와주겠지' 하는 식입니다. 일종의 결혼식 부조 비슷합니다. 평소에 여러 사람들에게 부조를 해 놓으면 자기 자녀가 결혼할 때 그만큼의 액수가 들어올 것입니다. 그런데 자녀가 결혼하지 않은 상태에서 퇴직 날짜가 다가오면 속이 바짝바짝 탑니다.

여호와 신앙의 특징은 철저하게 따라가는 것입니다. 용광로에 들어가든 불타는 사막을 지나가든 풍랑 이는 바다를 건너가든 끝까지 따라가는 것입니다. 그런 자세 없이 여호와의 이름도 부르고 말감의 이름도 부르면 죽도 밥도 되지 않습니다.

네 번째 유형은 더 이상 하나님께 아무 관심도 갖지 않는 것입니다. "여호와를 배반하고 좇지 아니한 자와 여호와를 찾지도 아니하며 구하지도 아니한 자를 멸절하리라"(1:6).

하나님이 "그렇게 순종하지 않으려면 떠나라"고 하실 때 정말 그 말씀에 순종해서 떠나야 할까요? 아닙니다. 절대 못 떠난다고 버텨야 합니다. 하나님이 아무리 때리셔도 있는 힘껏 달라붙어 있어야 합니다. 하나님이 답답해하시는 것이 바로 이것입니다. "너희들 그렇게 믿으려면 믿지 마!" 하시니까 "아, 네, 알겠습니다" 하고 안 믿는 거예요. 아무리 쫓아내셔도 몇 번씩 기어 들어오고 또 기어 들어와서 하나님을 감동시킬 생각을 해야지, "순종해라" 하실 때는 "싫어요!" 하고 버티다가 "그러려면 나가!" 하실 때는 "네!" 하면서 얼른 도망가 버려서야 되겠습니까?

설사 하나님이 "절대 용서하지 않겠다"고 하셔도 "그래도 저는 하나님밖에 없습니다" 하면서 간절히 매달려야 합니다. "반드시 멸망시키겠다"고 하셔도 "망해도 좋습니다" 하면서 달라붙어야 합니다. 그러면 용서해 주시기도 하고 멸망의 때를 몇백 년씩 미루어 주시기도 합니다. 하나님께는 안 되는 일이 없습니다. 그러니까 구하고 찾으라는 것입니다. 이것이 하나님이 유다 백성들에게 진정으로 원하시는 자세였습니다.

오늘날 기독교는 너무 변질되어 버렸습니다. 그 모습을 보면 하나님을 바로 믿는다는 것이 얼마나 어려운 일인지 알게 됩니다. 어떤 사람은 믿는다고 하면서도 여전히 자기 자신을 믿기도 하고, 또 어떤 사람은 무속적으로 믿기도 합니다. 오래 믿었는데도 신앙의 흔적을 전혀 찾아볼 수 없거나 세상과 하나님을 동시에 붙드는 사람들도 있습니다. 하나님은 그런 사람들에 대해 "내 백성이 아니다"라고 말씀하십니다.

유다 백성은 이미 하나님의 백성이 아니었습니다. 그럼에도 하나님은 실패하지 않으십니다. 유다의 실패가 곧 하나님의 실패는 아닙니다. 하나님은 누가 참 백성인지 알고 계시며, 그들을 통해 계속해서 자신의 나라를 세워 나가십니다.

오늘 성경이 말씀하는 바가 무엇입니까? 이 세상이 망하지 않게 하려면 세상의 대표인 우리가 바른 신앙을 회복해야 한다는 것입니다. 남들 열 명 쫓아다니면서 잘못을 지적하기보다 나 자신이 먼저 바른 신앙을 회복할 때, 하나님은 짐승과 새와 물고기와 믿지 않는 가족과 이웃들에게 은혜를 베풀어 주십니다. 우리로 인해 이 땅에 있는 수많은 들짐승들과 물고기들이 숨을 쉴 수 있도록, 믿지 않는 사람들이 은혜의 기회를 얻을 수 있도록 은혜 안에 바로 서기 위해 힘써야 합니다.

제도적인 개혁으로 심판의 시기를 미룰 수는 있지만, 심판 자체를 취소시킬 수는 없습니다. 하나님이 진정으로 원하시는 것은 제도적인 개혁이 아니라, 우리 한 사람 한 사람이 변화되어 하나님을 진심으로 사랑하게 되는 것입니다. 하나님은 성령을 통해 이미 그 능력을 우리에게 주셨습니다. 피상적인 신앙은 변화를 일으키지 못합니다. 간단한 예화나 성공신화도 변화를 일으키지 못합니다. 오직 말씀이 제대로 밝혀져야 하고, 그 밝혀진 말씀이 성령의 능력으로 우리 마음판 깊이 새겨져야 하며, 우리 영혼에 충격을 주어야 됩니다. 말씀과 성령의 불이 우리 마음속 깊은 곳에 있는 불신의 찌꺼기, 세상의 찌꺼기, 바알의 남아 있는 것들, 죄로 오염된 부분들을 태울 때 진정한 부흥의 역사가 일어나며 우리 주변 사람들에게도 은혜가 임하는 것입니다.

유다 백성들은 하나님을 온전히 섬기지 못하고 수많은 가증한 우상들을 자기 신앙 안에 끌어들였습니다. 그 이유가 무엇입니까? 끝까지 견디는 믿음이 없었기 때문입니다. 우리는 믿음으로 끝장을 볼 생각을 해야 합니다. 처음에는 믿는 듯하다가 상황이 좀 어려워진다고 해서 놓아 버리면 안 됩니다. 죽음도 뚫고 나갈 각오를 해야 합니다. 그렇게 할 때 하나님의 능력을 체험하게 될 것이며, 구원의 역사가 우리를 통해 나타나게 될 것입니다.

2

불행한 여호와의 날

스바냐 1:7-13

1:7 "주 여호와 앞에서 잠잠할지어다. 이는 여호와의 날이 가까웠으므로 여호와가
    희생을 준비하고 그 청할 자를 구별하였음이니라.

8 여호와의 희생의 날에 내가 방백들과 왕자들과 이방의 의복을 입은 자들을 벌할
   것이며

9 그날에 문턱을 뛰어넘어서 강포와 궤휼로 자기 주인의 집에 채운 자들을 내가
   벌하리라.

10 나 여호와가 말하노라. 그날에 어문에서는 곡성이, 제2구역에서는 부르짖는
   소리가, 작은 산들에서는 무너지는 소리가 일어나리라.

11 막데스 거민들아, 너희는 애곡하라. 가나안 백성이 다 패망하고 은을 수운하는 자가
   끊겼음이니라.

12 그때에 내가 등불로 예루살렘에 두루 찾아 무릇 찌끼같이 가라앉아서 심중에
   스스로 이르기를 '여호와께서는 복도 내리지 아니하시며 화도 내리지
   아니하시리라' 하는 자를 벌하리니

13 그들의 재물이 노략되며 그들의 집이 황무할 것이라. 그들이 집을 건축하나 거기
   거하지 못하며 포도원을 심으나 그 포도주를 마시지 못하리라."

                                                                    1:7-13

영화 '킬링필드'에는 캄보디아가 공산화되면서 멸망하는 장면을 생생하게 전하기 위해 최후까지 남았다가 붙잡히는 기자가 한 사람 나옵니다. 그는 몇 번씩 죽음의 고비를 넘기고 탈출한 후에, 크메르 루즈에게 죽임을 당한 수많은 피해자들의 실상을 증언했습니다.

한때 찬란했던 예루살렘이 바벨론에게 멸망당하는 과정을 멸망당하기 전부터 멸망당할 당시까지 생생하게 증언한 사람들이 있었습니다. 그들은 바로 유다의 선지자들이었습니다. 선지자들은 예루살렘이 완전히 멸망할 것을 알면서도 도망치지 않고 끝까지 남아 멸망의 실상을 생생하게 증언했습니다. 그 이유가 무엇입니까?

한 나라가 망하는 것은 예삿일이 아닙니다. 하물며 유다는 하나님의 나라였습니다. 하나님의 나라가 망하면 곧 하나님이 망하신 것처럼 보이기 쉽습니다. 그래서 선지자들은 예루살렘이 몰락하는 과정을 상세히 설명하고 고발함으로써, 그 멸망의 원인이 하나님의 실수나 무능함에 있는 것이 아니라 유다 백성들이 언약을 저버린 데 있음을 입증했습니다.

특히 오늘 본문은 예루살렘 안의 특정 지명을 언급하면서 그곳에서 일어날 일들을 예언하는 내용으로 이루어져 있습니다.

불행한 여호와의 날

큰 회의장 전면에 백두산 천지의 대형사진이 걸려 있는 모습을 가끔 보게 됩니다. 천지는 통일을 향한 우리 민족의 염원을 상징하는 장소입니다. 우리는 언젠가 통일이 되어 백두산 천지까지 자유롭게 왕래할 날이 오기를 소망하고 있습니다.

이스라엘 백성들에게도 그러한 염원이 있었습니다. 그것은 이미 망한 북방 이스라엘과 지금 몰락해 가고 있는 유다가 언젠가 하나로 통일되어 한 통치자 밑에 독립왕국을 이루는 것이었습니다. 그들은 하나님이 모든 이방 민족을 멸하시고 자신들을 해방시켜 이렇게 한 나라로 세워 주실 그날을 '여호와의 날'이라고 불렀습니다. 아마도 당시에는 이러한 '여호와의 날'에 대한 기대와 소망이 백성들 사이에 뜨겁게 퍼지고 있었던 것 같습니다. 거짓 선지자들은 그 희망을 더 부추긴 반면, 하나님의 선지자들은 한결같이 그날에 대해 부정적인 예언을 했습니다. 그들은 "너희가 그토록 기다리는 여호와의 날은 결코 통일의 날이 되지 못할 것이다. 오히려 어둡고 캄캄한 절망의 날이 될 것이다"라고 말했습니다. 스바냐도 마찬가지였습니다.

1장 7절을 보십시오. "주 여호와 앞에서 잠잠할지어다. 이는 여호와의 날이 가까웠으므로 여호와가 희생을 준비하고 그 청할 자를 구별하였음이니라."

　그 당시 사람들은 유다와 예루살렘의 미래에 대해 굉장히 많은 주장과 이론들을 내놓았습니다. 사람들이 미래에 대해 갈피를 잡지 못하는 것은 아무 주장도 없기 때문이 아니라 이처럼 여러 주장이 난무하기 때문일 경우가 많습니다. 스바냐 선지자가 말씀을 전하던 당시에는 특히 낙관적이고 희망적인 예언들이 많았던 것 같습니다. 거짓 선지자들은 "이 위기만 잘 넘기면 다시 한 번 부흥할 것이며 붙들려 간 이스라엘 사람들까지 돌아와서 통일왕국을 이루는 여호와의 날이 임할 것이다"라고 말했습니다. 그러나 스바냐는 그에 대해 "주 여호와 앞에서 잠잠할지어다"라고 일축하고 있습니다. 왕 앞에서 아무리 갑론을박하던 신하들도 일단 왕의 마음이 결정된 후에는 전부 입을 다물어야 합니다. 스바냐는 하나님의 마음이 이미 결정되었으니 전부 잠잠하라고 말합니다.

　"희생을 준비하고 그 청할 자를 구별"한다는 것은 원래 좋은 말입니다. 이스라엘 백성들은 화목제를 드릴 때 죽일 짐승을 준비해 놓고 그 고기를 함께 먹을 자들을 초청했습니다. 화목제는 속죄제보다 범위가 더 넓은 제사로서, 속죄제가 특정한 죄를 고백하고 용서받는 제사였던 데 비해, 하나님과 단절되었던 관계와 영적인 지위까지 전부 회복되었음을 의미하는 제사였습니다. 그래서 화목제를 드릴 때에는 그 제물을 다 태우지 않고 제사장의 몫만 뗀 후에 도로 받아서 이웃이나 이방인, 가난한 사람들과 함께 먹으며 기쁨을 나누었습니다.

　그러나 불행히도 오늘 본문에는 정반대의 의미가 담겨 있습니다. 이번에 하나님이 준비하신 희생제물은 놀랍게도 유다 백성들 자신입니다. 그리고 이 제물을 나누기 위해 초청되는 자들은 주위 모든 민족입니다.

고대에는 왕과 백성들이 언약을 맺을 때, 짐승을 죽여서 시체를 갈라 놓고 백성들로 하여금 그 사이를 지나가게 했습니다. 무슨 뜻입니까? 이것은 목숨을 건 언약이라는 것입니다. 백성들이 언약을 지킨다면 왕도 백성들의 목숨을 지켜 줄 것입니다. 그러나 백성들이 언약을 어길 시에는 왕이 그들을 이 짐승들처럼 죽여도 좋다는 뜻이 여기 담겨 있습니다. 그것은 저주받은 죽음이기 때문에 장사도 지내 주지 않습니다. 그날은 공중의 새와 들짐승들이 전부 모여들어 잔치를 벌이는 날입니다.

이제 벌어질 잔치는 화목제처럼 용서받고 특권을 되찾는 기쁨의 잔치가 아니라, 오히려 유다 백성들 자신이 제물이 되어 새와 짐승들에게 물어뜯기는 죽음의 향연이 될 것입니다. 그 이유가 무엇입니까? 그들이 하나님과 맺은 언약을 깨뜨렸기 때문입니다. 이스라엘 백성들은 아무리 죄를 지어도 회개하기만 하면 축복과 특권을 되찾을 수 있었습니다. 그러나 지금은 언약 자체를 깨뜨렸기 때문에 자기들의 목숨을 제물로 내놓아야 합니다. 그날이 바로 그들이 그토록 기다리는 '여호와의 날'인 것입니다.

하나님의 백성에게는 중립지대라는 것이 없습니다. 축복이냐 저주냐 둘 중에 하나입니다. 말씀을 붙들면 아무리 잘못해도 용서받고 축복을 되찾을 수 있지만, 말씀을 저버리고 끝까지 세상으로 가 버리면 희생제물처럼 쪼개어질 수밖에 없습니다. 그때 초청되는 손님은 이웃이나 이방인이나 가난한 사람들이 아니라 들짐승과 공중의 새입니다.

신약 시대에는 어떻습니까? 구약 시대에는 말씀을 어기면 은혜 밖으로 쫓겨났지만, 신약 시대에는 그렇지 않습니다. 지금은 우리가 죄를 지을 때 성령이 근심하시며, 우리의 심령 속에서 하나님의 은혜가 고갈되는 일이 일어납니다. 신약 시대에 살고 있는 우리에게는 미래에 찾아올 어둡고 캄캄한 '여호와의 날'이 없습니다. 그 대신, 그날을 앞당겨서 미리 고생하게 하시고 미리 병들게 하시고 미리 핍박받게 하심으로써 철저하게 하나님만 의지하는 믿음을 가지게 하십니다. 우리에게 찾아오는 것은 '여호와의 날'이 아니라 '연단의 날'입니다. 하나님은 우리가 완전히 버림받는 자리까지 가지 않도록 미리 연단하셔서 교만과 거짓을 빼내시고 진실한 눈물과 겸손한 믿음을 갖게 하십니다.

심판의 대상

예루살렘 멸망으로 심판받을 대상은 누구입니까? "여호와의 희생의 날에 내가 방백들과 왕자들과 이방의 의복을 입은 자들을 벌할 것이며 그날에 문턱을 뛰어넘어서 강포와 궤휼로 자기 주인의 집에 채운 자들을 내가 벌하리라"(1:8-9).

"여호와의 희생의 날"에 심판받을 자들은 "방백들과 왕자들과 이방의 의복을 입은 자들"입니다. 그들은 유다의 귀족층을 형성하고 있던 부유한 사람들입니다. 하나님은 바로 그들이 심판의 대상임을 분명히 밝히고 계십니다.

귀족들이 왜 이방의 옷을 입었을까요? 첫째로, 그들은 외국에 갈 기회가 많았기 때문에 어느 누구보다 외국 문물을 많이 접할 수 있었습니다. 그래서 자신들의 앞선 경험과 지식을 자랑하기 위해 외국의 옷을 입고 다녔으며, 앞장서서 외국의 종교들을 받아들였습니다.

또한 솔로몬 왕 이후 유다 왕들이 정략적으로 외국 공주들과 결혼한 데에도 원인이 있을 것입니다. 외국 공주들은 자신들의 종교를 끌고 들어왔고, 그 나라 식으로 자녀들을 교육시켰습니다. 유다의 왕자들은 어머니 나라의 풍습대로 이방의 옷을 입고 다녔을 것입니다. 이처럼 유다의 타락을 조장한 사람들은 일반 백성들이 아니라 외국과 빈번하게 교류한 지식인, 귀족, 왕족들이었습니다.

하나님은 이들을 심판하기 위해 일종의 '고양이 작전'을 쓰셨습니다. 어미 고양이는 새끼 고양이들을 옮길 때, 하나씩 입으로 물어서 옮깁니다. 그처럼 하나님도 유다의 부유한 귀족층을 심판하기 전에 가난한 백성들부터 하나씩 빼돌리셨습니다. 세 차례에 걸친 바벨론 유수를 통해 미리 안전한 곳으로 옮겨 놓으신 것입니다. 결국 예루살렘에는 돈을 주고 포로 신세를 면한 귀족들과 부자들만 남게 되었습니다. 하나님은 그들을 모조리 심판하셨습니다.

그렇다면 부자들이 살 수 있는 길은 무엇일까요? 말씀을 듣고 스스로 알아서 변하는 것입니다. 그렇다고 가진 재산을 전부 남에게 주라는 말은 아닙니다. 열 개를 얻으면 그중에 한 개라도, 아니 반 개라도 주라는 것입니다. 그러면 이런 일은 당하지 않습니다. 열 개 전부 자기가 챙겨 버리니까 망하는 것입니다.

"문턱을 뛰어넘어서"라고 할 때 문턱은 이방 신전의 문턱을 가리킵니다. 사무엘상에 보면, 블레셋 사람들이 하나님의 법궤를 빼앗아 가는 사건이 나옵니다. 그들은 빼앗은 법궤를 다곤 신전 안에 두었습니다. 그런데 다음날 아침에 일어나 보니 다곤 신상이 궤 앞에 엎어져 있었습니다. 그래서 일으켜 세웠는데 그 다음날 아침에는 더 크게 엎어져서 머리와 손목이 끊어져 문턱에 떨어져 있었습니다. 그 후로 그들은 신전을 출입할 때 문턱을 밟지 않고 뛰어넘었습니다.

여기에서 부자들이 문턱을 뛰어넘었다는 데에는 두 가지 뜻이 있습니다. 한 가지는, 그들이 말로는 하나님의 백성이라고 했지만 실제로는 블레셋 사람들과 전혀 다를 바가 없었다는 것입니다. 하나님의 백성이라고 해서 한 번도 싸우지 않는 것은 아닙니다. 그러나 아무리 같이 싸우고 욕을 한다 해도 넘지 말아야 할 선이 있습니다. 하나님의 백성은 화난다고 아무 말이나 다 하고 아무 짓이나 다 하면 안 됩니다. 그런데 유다의 부자들은 하나님을 믿는다고 하면서도 이렇게 일정한 선을 지키는 자세가 없었습니다. 할 말 못 할 말 가리지 않았고, 지을 수 있는 죄와 없는 죄를 가리지 않았습니다.

또 한 가지는 이방인들이 신전 문턱을 드나들듯이 성전 문턱만 드나들었지 전혀 변하지 않았다는 것입니다. 하나님이 원하시는 것은 그 백성들이 성전을 드나들면서, 한 번 두 번 예배를 드리면서 조금씩 변해 가는 것입니다. 그러면 하나님도 그들에 대해 소망을 가지실 수 있습니다. 그런데 그들은 마치 놀이터 드나들듯이 아무 경외감 없이 성전을 드나들었고, 그 결과 아무리 예배를 드리고 기도를 해도 변하지 않았습니다.

그들이 "강포와 궤휼로 자기 주인의 집에" 채웠다는 것은 하나님의 집인 유다와 예루살렘을 폭력과 거짓으로 채웠다는 뜻입니다. 원래 예루살렘은 철저한 안전지대였습니다. 예루살렘에는 겁탈이나 폭력이나 사기가 있을 수 없었습니다. 그러나 유다의 귀족과 왕족들은 이 공동체를 폭력과 거짓으로 가득 채워 버렸습니다. 하나님은 이 죄를 분명히 심판하겠다고 말씀하십니다.

예루살렘의 부자들에 대한 심판

그 당시 유다의 부자들은 특정 지역에 모여서 살고 있었습니다. "나 여호와가 말하노라. 그날에 어문에서는 곡성이, 제2구역에서는 부르짖는 소리가, 작은 산들에서는 무너지는 소리가 일어나리라"(1:10).

이 구절만 보면 "어문"이 어디고 "제2구역"이 어디인지, "작은 산들"이 어디인지 알 수 없습니다. 그런데 역대하 33장 14절을 보면 이런 말씀이 나옵니다. "그 후에 다윗 성 밖 기혼 서편 골짜기 안에 외성을 쌓되 생선문 어귀까지 이르러 오벨을 둘러 심히 높이 쌓고 또 유다 모든 견고한 성읍에 군대장관을 두며."

예루살렘이라고 해서 모든 지역이 똑같았던 것이 아닙니다. 예루살렘 중에서도 어문 부근은 특히 성벽이 높았고, 부자들은 거기 모여 살고 있었습니다. 이처럼 어문까지 높이 쌓아 놓은 구역이 "제2구역"이고, 그 지역의 지대가 다른 곳들보다 높아서 "작은 산들"이라고 불렀던 것이 아닌가 합니다.

그런데 하나님은 거기에 살고 있는 부자들, 특히 장사로 돈을 많이 번 사람들이 애통하게 될 것이라고 말씀하십니다. "막데스 거민들아, 너희는 애곡하라. 가나안 백성이 다 패망하고 은을 수운하는 자가 끊겼음이니라"(1:11).

"막데스"는 제2구역의 중심지였던 것 같습니다. 그리고 "가나안"은 상인들을 가리키는 말입니다. "가나안"에 해당하는 히브리어에는 '가나안 사람'이라는 뜻도 있고 '상인'이라는 뜻도 있습니다. 아마 가나안 사람들이 주로 장사를 해서 그런 것 같습니다.

상인들이 은을 수입해서 주로 만든 것이 무엇입니까? 우상입니다. 그러나 이제는 더 이상 은을 수입할 필요가 없습니다. 우상을 섬기는 부자들이 전부 망할 것이기 때문입니다.

12절에는 아주 심각한 이야기가 나오고 있습니다. "그때에 내가 등불로 예루살렘에 두루 찾아 무릇 찌끼같이 가라앉아서 심중에 스스로 이르기를 '여호와께서는 복도 내리지 아니하시며 화도 내리지 아니하시리라' 하는 자를 벌하리니."

하나님이 등불을 들고 예루살렘을 샅샅이 뒤지면서 "찌끼같이" 가라앉은 자들을 찾아내겠다고 하십니다. 병에 든 포도즙의 찌끼는 바닥에 달라붙어서 잘 나오지 않기 때문에 몇 번씩 물을 부어서 흔들어야 합니다. 하나님은 예루살렘을 이미 여러 번 청소하셨습니다. 그런데 그때마다 용케도 어려움을 피하여 살아남은 자들이 있었습니다. 그들은 처세술에 능한 부자들이었습니다. 아무리 앗수르가 쳐들어오고 바벨론이 쳐들어와도 그들은 이리저리 잘 빠져 나갔습니다. 하나님은 "너희가 지금까지는 용케 피해다녔다만, 이제는 살아남지 못할 것이다. 내가 등불을 들고 돌아다니면서 찌끼를 싹 훑어 낼 것이기 때문이다"라고 말씀하십니다.

찌끼 같은 자들은 하나님보다 돈을 믿습니다. 그들에게 중요한 것은 하나님이 아니라 돈입니다. 한때 우리나라에서는 '유전무죄 무전유죄'라는 말이 유행했습니다. 즉, 돈 있고 백 있는 사람은 죄를 지어도 아무도 건드리지 못한다는 것입니다. 아무리 경찰이 나서고 검찰이 나서서 요란을 피워도 요리 빠져 나가고 조리 빠져 나가는 이런 사람들이 바로 찌끼 같은 자들입니다. 하나님이 어려움을 주시면 겸허히 받아들여야 합니다. 돈 있고 힘 있다고 해서 빠져 나가 버리면 하나님이 등불을 들고 친히 찾아 나서실 것입니다.

오늘날 사람들은 저마다 특정한 날을 기다리며 삽니다. 미혼 남녀들은 결혼식 날을 기다리고, 큰 시험을 앞둔 사람은 합격 발표일을 기다립니다. 공부하는 사람은 학위 받는 날을 기다리고, 저축하는 사람들은 만기일을 기다리며, 북한에 고향이 있는 사람들은 통일의 날을 기다립니다. 그런데 그런 날들보다 더 중요한 날이 언제입니까? 바로 하나님 앞에 서는 날입니다. 그날은 개인적으로 찾아올 수도 있고 집단적으로 찾아올 수도 있습니다. 이 세상에서 일어나는 모든 재앙은 최후에 하나님을 만날 순간에 대한 예고편에 불과합니다. 우리는 하나님 앞에 설 준비가 되어 있습니까? 사람들에게 인정받고 좋은 동네에서 남부럽지 않게 사는 것이 하나님 앞에서도 통하리라고 생각하고 있지는 않습니까?

우리는 찌끼 같은 사람이 되어서는 안 됩니다. 성전 문지방을 뛰어넘는 사람이 되어서는 안 됩니다. 어떻게 해서든지 말씀으로 변화되는 사람이 되어야 합니다. 신앙은 결코 일방적인 것이 아닙니다. 신앙은 쌍방간의 언약으로서, 서로 성실히 이행할 의무가 있습니다. 우리가 말씀을 붙들면 하나님이 우리의 생활을 책임져 주시겠지만, 말씀을 붙들지 않으면 우리 스스로 자신의 삶을 책임져야 할 뿐 아니라 화목제의 초청 대신 심판의 초청을 받게 될 것입니다.

하나님이 우리에게 원하시는 것은 단순히 죄짓지 않는 것이 아님니다. 하나님은 강포와 궤휼 대신 사랑과 정직으로 그분의 집을 채우기 원하십니다. 유다의 지도자들과 부자들이 볼 때 하나님은 실제적인 분이 아니었습니다. 그래서 하나님을 두려워하지 않고 강포와 궤휼로 그분의 집을 채워 버렸습니다. 하나님을 겁내지 않는 사람은 폭력을 쓰게 되어 있고 거짓말을 하게 되어 있습니다. 그런 사람은 하나님의 공동체를 오염시킵니다.

그렇다고 절대 부자가 되지 말라는 말은 아닙니다. 하나님의 백성은 부자가 되든 공부를 하든 항상 마음에 부담이 있어야 한다는 것입니다. '내가 이 돈을 다 써도 될까? 조금이라도 다른 사람들과 나누어야 하지 않을까?' 하는 갈등, '내가 주일에도 도서관에 가서 하루종일 공부하는 것이 옳을까? 주일학교 학생들을 가르쳐야 하는 것은 아닐까?' 하는 갈등이 일어날 때 쉽게 무시해 버리지 말고 조금이라도 선한 충동에 따르고자 애써 보라는 것입니다. 물론 그 충동에 100퍼센트 따를 수는 없습니다. 만약 그렇게 할 수 있는 사람이 있다면 그는 사람이 아니라 천사일 것입니다. 그러나 그 선한 충동의 10분의 1, 100분의 1이라도 실천해 보라는 것입니다. 흉내라도 내 보라는 것입니다. 그것이 하나님의 은혜와 도우심을 얻는 길이며, 전쟁이나 유혈혁명을 막는 길이고, 심판을 막는 길입니다.

우리에게 있는 것은 전부 하나님이 주신 선물이라는 사실을 명심하십시오. 그래도 그것을 남들과 나누려 하다 보면 아까운 마음이 생기게 마련입니다. '아무리 선물로 받은 것이라도 내 거는 내 거다' 하는 마음이 생기는 것입니다. 그 아까운 마음을 누르고 작은 것을 나눌 때, 하나님은 우리에게 소망이 있다고 판단하십니다.

하나님의 백성 중에서 제일 불쌍한 사람은 교회 문턱을 뻔질나게 드나들면서도 전혀 변하지 않는 사람, 자기는 분명히 구원받았다고 생각하는데 하나님은 인정하지 않으시는 사람, 고양이 작전으로 한 마리 한 마리 옮겨지고 있는데 자신은 뒤에 남아서 '나야말로 남은 자'라고 안심하는 사람입니다.

하나님은 전쟁도 주장하시고 테러도 주장하시는 분입니다. 우리가 진심으로 의지하기만 하면 언제든지 안전지대가 되어 주실 것입니다. 하나님께 신실하십시오. 그러면 하나님도 우리를 신실하게 대하시며 모든 것을 더해 주실 것입니다.

3

——

여호와의 날의 성격

스바냐 1:14-18

1:14 "여호와의 큰 날이 가깝도다. 가깝고도 심히 빠르도다. 여호와의 날의 소리로다.
       용사가 거기서 심히 애곡하는도다.

15 그날은 분노의 날이요 환난과 고통의 날이요 황무와 패괴의 날이요 캄캄하고
    어두운 날이요 구름과 흑암의 날이요

16 나팔을 불어 경고하며 견고한 성읍을 치며 높은 망대를 치는 날이로다.

17 내가 사람들에게 고난을 내려 소경같이 행하게 하리니 이는 그들이 나 여호와께
    범죄하였음이라. 또 그들의 피는 흘리워서 티끌같이 되며 그들의 살은 분토같이
    될지라.

18 그들의 은과 금이 여호와의 분노의 날에 능히 그들을 건지지 못할 것이며
    이 온 땅이 여호와의 질투의 불에 삼키우리니 이는 여호와가 이 땅 모든 거민을
    멸절하되 놀랍게 멸절할 것임이니라."

1:14-18

요즘 저희 교회에 출산을 앞둔 분들이 여럿 계십니다. 엄마들은 하루가 다르게 배가 불러오는 것을 보면서 어느 한 날이 점점 가까워지고 있음을 감지합니다. 그날이 어떤 날입니까? 아기를 출산하는 날입니다. 산모들에게 출산의 날은 결코 기쁨의 날이 아닙니다. 물론 새로 태어난 아기를 품에 안는 것은 말할 수 없이 기쁜 일이지만, 그 전에 거의 죽다 깨어날 정도로 고통스러운 과정을 거쳐야 하기 때문입니다. 출산을 앞둔 산모들은 그 과정을 반드시 거쳐야 한다는 사실을 운명처럼 알고 있습니다. 그 고통의 순간을 감수하지 않으면 기쁨의 순간도 맞이할 수 없습니다.

　유다 백성들도 운명적인 한 날을 기다리고 있었습니다. 그날은 '여호와의 날'이었습니다. 그러나 스바냐 선지자는 그날이 기쁘고 즐거운 날이 아니라 오히려 무섭고 두려운 날이 될 것이라고 말합니다. 그날이 오면 유다 백성 거의 대부분이 멸망할 것입니다. 그러나 그 무서운 고통으로 모든 것이 끝나는 것은 아닙니다.

마치 해산의 고통을 경험한 여인에게 희망과 기쁨이 찾아오듯이, 이들에게도 새로운 소망이 찾아올 것입니다. 유다 백성들에게 예루살렘의 멸망은 마치 해산의 고통과 같은 것이었습니다. 그들은 이 고통스러운 여호와의 날을 통과한 후에 아름답고 건강한 하나님의 백성으로 새로이 태어나게 될 것입니다.

지금 우리 민족은 또다시 전쟁이라는 무서운 재앙을 향해 나아갈 것이냐, 번영하는 풍성한 미래를 향해 나아갈 것이냐 하는 갈림길에 서 있습니다. 여기에 확실히 대답할 수 있는 사람은 아마 없을 것입니다. 그러나 분명히 말할 수 있는 사실이 한 가지 있습니다. 그것은 하나님의 백성이 해산하는 수고를 겪어야만 풍성하고 아름다운 미래를 맞이할 수 있다는 것입니다. 풍성한 삶은 결코 거저 주어지지 않습니다. 엄청난 해산의 고통을 겪어야 새로운 생명을 품에 안을 수 있듯이, 그리스도인들도 세상 사람들처럼 마음대로 살지 못하는 고통을 겪고 힘써 기도하는 수고를 감수해야 미래의 축복을 차지할 수 있습니다. 만약 오늘 기도하기 싫어하고 모이기를 게을리 하며 세상과 타협한다면, 우리도 유다 백성들처럼 어둡고 캄캄한 여호와의 날을 맞이하게 될 것입니다.

스바냐 선지자는 앞으로 유다 백성들이 겪을 고통이 어떤 것인지 자세히 설명해 주고 있습니다. 우리는 이것이 잘 이해되지 않습니다. 어차피 피할 수 없는 고통이라면 차라리 모르는 편이 낫지 않습니까? 괜히 미리 설명해 주어서 불안하게 만들 필요가 뭐가 있습니까? 미리 안다고 해서 고통이 줄어드는 것도 아니고 사전에 대비할 수 있는 것도 아니라면 차라리 모르고 있다가 당하는 편이 훨씬 낫지 않습니까?

웬만한 고통이라면 당한 순간에 일시적으로 참고 마는 편이 나을지도 모릅니다. 그러나 하나님이 주시는 고통은 너무나도 무섭고 두려운 것이기 때문에 믿음으로 준비하지 않으면 전부 미쳐 버리든지 잘못된 방향으로 나아가 멸망을 자초하게 될 가능성이 큽니다. 그래서 선지자가 미리 설명하고 있는 것입니다.

임박한 여호와의 날

출산을 앞둔 산모는 정확한 출산 시간을 알지 못합니다. 그래도 배가 불러오고 예정일이 다가오면 '그 순간이 오고 있구나'라고 판단해서 자기 나름대로 출산 준비를 해 나갑니다. 아기에게 필요한 물건들도 챙겨 놓고, 자신이 없는 동안 남편의 식사 문제나 산후 조리에 대해서도 미리 준비해 놓습니다. 그런데 유다 백성들은 예루살렘의 멸망이 다가오고 있는데도 전혀 긴장하지 않았으며 아무 준비도 하지 않았습니다. 이에 대해 스바냐 선지자는 "그날이 아주 가까이 왔다. 빨리 준비하라"고 재촉합니다. "여호와의 큰 날이 가깝도다. 가깝고도 심히 빠르도다. 여호와의 날의 소리로다. 용사가 거기서 심히 애곡하는도다"(1:14).

"여호와의 큰 날"이란 이제 일어날 일이 유다의 한두 지역에 국한되는 사건이 아니라 유다 백성 전체의 사활을 결정할 큰 사건이라는 뜻입니다. 옛날에는 전쟁이 일어나거나 난리가 일어나도 국지적인 현상에 그칠 때가 많았습니다. 그래서 한 곳에서 전쟁이 일어나 사람들이 죽어 나가도 다른 지역에서는 모르고 있는 경우가 잦았습니다.

요즘도 소식은 빨리 전해 듣지만 영향은 크게 받지 않는 경우가 대부분입니다. 불과 몇 년 전에도 다리가 끊어져 강을 건너던 사람들이 떨어져 죽는 사고나 백화점이 무너져 많은 이들이 다치거나 생명을 잃는 큰 사고가 있었지만, 그렇다고 해서 그 사건이 나라 전체의 운명을 결정지은 것은 아니었습니다. 다른 한쪽에는 여전히 백화점에 가서 사고 싶은 물건 사고, 휴일에 고속도로가 정체될 정도로 놀러 다니는 사람들이 있었습니다. 휴전선에서 양쪽 군대가 총격전을 벌여도 다른 지역 사람들은 눈 하나 깜짝하지 않고 제 할 일을 다 하며 사는 것이 현재 우리 사회의 모습입니다.

유다 사회도 비슷했던 것 같습니다. 한쪽에서 난리가 났다고 해도 '좀 떠들썩했다가 시간이 지나면 조용해지겠지' 하는 식으로 안이하게 대처했습니다. 그런데 스바냐 선지자는 이번에 유다가 겪게 될 일은 그들 모두의 사활을 결정짓는 일, 누구나 예외없이 당해야 할 일이라고 말하고 있습니다. 그의 말은 마치 라디오 드라마처럼 실감나게 들립니다. "가깝고도 심히 빠르도다. 여호와의 날의 소리로다. 용사가 거기서 심히 애곡하는도다."

"가깝고도 심히 빠르도다"라는 것은 그날이 무서운 속도로 다가오고 있다는 뜻입니다. 그동안에도 선지자들이 많이 경고했고 어려움도 많이 닥쳤지만, 말 그대로 단순한 경고 차원에서 끝나는 경우가 많았습니다. 적이 쳐들어와도 예루살렘 한 귀퉁이를 허물고 일부 사람들을 잡아가는 데서 그쳤을 뿐, 그 공격이 예루살렘의 멸망으로까지 이어진 적은 없었습니다. 그러나 이번에 찾아올 날은 그런 '작은 날'이 아닙니다. 예루살렘은 멸망할 것이며 모든 유다 백성은 죽든지 포로가 될 것입니다.

유다의 부자들은 전쟁이 일어나도 '적당히 돈 주고 피해 가면 되지'라고 생각했습니다. 그러나 이번에 찾아올 날에는 그런 술

수가 통하지 않을 것입니다. 성전은 불탈 것이며, 사람들은 대부분 죽을 것이고, 운 좋은 일부 백성만 포로로 잡혀갈 것입니다. 그날은 "가깝고도 심히 빠르"게 닥칠 것입니다. 그들은 설사 유다가 망한다고 해도 자기들의 생전에 망하지는 않으리라고 생각했던 것 같습니다. 그러나 유다는 요시야가 죽고 그 아들이 재위하는 기간에 멸망합니다. 하나님의 때가 불과 얼마 남지 않은 것입니다.

용사들이 언제 심히 애곡할까요? 제대로 싸워 보지도 못하고 전쟁에 져서 포로가 될 때일 것입니다. 제대로 싸워 보기라도 하고 죽거나 잡힌다면 그렇게 억울하지 않을 텐데, 우왕좌왕하다가 손도 제대로 써 보지 못한 채 나라가 폭삭 망해 버릴 때 용사들은 애곡할 수밖에 없습니다.

한 나라가 무너질 때에는 어떻게 수습할 도리가 없습니다. 마치 빌딩이 무너지듯이 한순간에 무너져서 폐허가 되고 맙니다. 전에 부여 부소산성에 간 적이 있는데, 그곳 사당에 계백을 비롯한 백제 마지막 충신들의 영정이 모셔져 있었습니다. 나라가 망하려니까 그런 충신들이 있는데도 막을 수가 없었습니다. 조선이 일본에 넘어갈 때에도 수습할 길이 전혀 없이 무너져 버렸습니다. 선비들이 통곡을 하고 몸부림을 치고 할복자살까지 했지만 막을 수 없었습니다. 나라가 망할 때에는 윗사람들이 부패할 대로 부패해 있고 군인들의 정신도 해이해질 대로 해이해져 있어서 누가 무슨 소리를 해도 정신을 차리지 못합니다. 이런 것을 볼때, 한 나라가 일어서고 무너지는 것은 사람의 손에 달린 일이 아니라는 생각을 하게 됩니다.

미래에 대해 희망을 가지고 있는 사람은 절대 힘이나 돈을 낭비하지 않고 비축해 둡니다. 당장 무슨 필요가 있어서 그렇게 하는 것이 아닙니다. 자신에게 있는 힘이나 돈을 전부 소모해 버리는 것은 죄라고 생각해서 그렇게 하는 것입니다. 그러니까 어려움이 닥쳐도 그 비축해 놓은 것으로 능히 막아 낼 수가 있습니다. 사람의 정신은 방탕하게 사용하면 풀어지게 되어 있습니다. 그렇게 정신이 풀어진 사람은 누가 무슨 소리를 해도 듣지 않다가 한순간에 무너져 버립니다. 개인이든 나라든 비축해 놓은 힘이 없으면 이렇게 무너질 수밖에 없습니다.

우리 사회는 미래를 위해 비축해 놓은 것이 없는 사회입니다. 그저 눈앞의 한순간만 생각할 뿐입니다. 정치인들은 정치인들대로, 젊은이들은 젊은이들대로, 나이 든 사람들은 나이 든 사람들대로 미래를 위해 무언가 절제하거나 자기 힘을 아끼는 모습이 없습니다. 이렇게 사회 구성원 대부분이 힘을 소모해 버릴 때 그 사회는 위기 대응력이 떨어지게 되고, 결국 한순간에 무너질 가능성이 커집니다.

미래를 생각하는 그리스도인은 아무리 바빠도 기도하기 위해 시간을 내고, 성경을 붙들고 씨름하며, 자기가 처한 자리에서 의를 위해 살다가 핍박을 받습니다. 그럴 때 사람들은 "너는 왜 그렇게 골치 아프게 믿느냐?"고 조롱합니다. 그러나 그렇게 골치 아프게 믿어야 살아 있는 푸른 나무가 될 수 있습니다. 마른 나무는 불길이 조금만 접근해도 타닥타닥 타들어 가지만, 푸른 나무는 불을 붙여도 쉽게 타들어 가지 않습니다.

예루살렘이 한순간에 무너져 내린 것은 하나님 앞에서 힘을 축적해 놓은 사람이 아무도 없었기 때문입니다. 예루살렘에는 애써 기도하는 사람이 없었습니다. 남들은 다 실컷 자고 실컷 놀러 다녀도 '이러면 안 된다. 나 한 사람이라도 깨어서 이 나라를 지켜야 한다. 나 한 사람이라도 깨어서 기도해야 하며 성경을 연구해야 하고 의를 위해 핍박을 받아야 한다'고 생각하는 사람이 없으니까, 바싹 마른 나무처럼 제대로 저항해 보지도 못한 채 무너져 내린 것입니다.

여호와의 날의 성격

스바냐 선지자는 그들이 겪어야 할 날의 성격을 두 가지로 설명하고 있습니다. 첫 번째는 영적인 성격이고 두 번째는 실제적인 성격입니다. 그날의 영적인 성격은 무엇입니까? "그날은 분노의 날이요 환난과 고통의 날이요 황무와 패괴의 날이요 캄캄하고 어두운 날이요 구름과 흑암의 날이요"(1:15).

"캄캄하고 어두운 날"이라는 것은 하나님께서 지금까지 그들을 대하신 방식과 정반대 되는 방식으로 행하신다는 뜻입니다. 하나님의 백성에게는 항상 빛이 있는데, 그 빛은 태양빛이 아니라 하나님의 빛입니다. 그들은 출애굽 때 이미 그 빛을 경험했습니다. 그때 그들 쪽에는 빛이 있었지만 애굽 군사들 쪽에는 어두움이 임했습니다. 그 빛은 이후 이스라엘 백성들의 마음속에 계속 살아 있었습니다.

하나님의 백성은 아무리 어려움을 겪어도 그 마음에 하나님의 빛이 있습니다. 즉, 하나님이 마음을 지켜 주시기 때문에 어떤 상황에서도 희망과 용기와 담대함이 솟아나옵니다. 하나님을 모르는 사람들은 어려움이 닥칠 때 앞이 캄캄해져서 무슨 말이라도 듣고 싶은 심정으로 점쟁이를 찾아갑니다. 물론 하나님의 백성들도 사업에 실패하고 직장에서 퇴출당하면 괴롭고 슬픕니다. 그러나 눈앞이 캄캄해질 정도로 절망하지는 않습니다. 그 마음에 빛이 있기 때문입니다.

그런데 여호와의 날에는 그 빛을 거두어 가신다는 것입니다. 그러면 캄캄한 절망이 그들의 마음을 지배할 것입니다. 사울 왕이 왜 자기가 축출했던 무당을 찾아갔습니까? 하나님의 은혜가 떠나면서 그 마음에 등불이 꺼져 버렸기 때문입니다.

예수님은 이렇게 말씀하셨습니다. "나는 세상의 빛이니 나를 따르는 자는 어두움에 다니지 아니하고 생명의 빛을 얻으리라"(요 8:12). 누구든지 예수님의 말씀을 믿고 따르는 자는 생명의 빛이 있기 때문에 세상에서 방황하거나 사망의 음침한 골짜기에 떨어져 죽지 않고 바른길을 찾아갈 수 있습니다.

그러나 그 빛이 떠나는 날은 "분노의 날"이 될 것입니다. 여러분도 아무 이유 없이 분노가 치밀어 오르는 날이 있지 않습니까? 그 이유가 무엇입니까? 하나님이 은혜를 거두시면 사람은 분을 내게 되어 있기 때문입니다. 우리의 큰 재산은 하나님이 우리 마음을 지켜서 분노하지 않고 염려하지 않게 해 주시는 것입니다. 그런데 은혜가 떠나버리면 그렇게 화가 날 수가 없습니다. 누구라도 미워하지 않고서는 견딜 수 없는 상태가 됩니다. 우리에게 중요한 것은 마음속에 이 잔잔한 은혜와 빛이 늘 있어서 분노의 감정이 나를 지배하지 않게 되는 것입니다.

하나님이 유다 백성들을 버리시는 날, 그들이 겪게 될 가장 큰 어려움은 그 마음속에서 은혜가 사라져 버리는 것입니다. 그러면 말할 수 없는 두려움이 몰려와서 정상적인 분별력을 잃어버린 채 우왕좌왕하다가 망하게 될 것입니다.

이처럼 은혜를 잃고 분노에 사로잡히는 상태는 곧 실제적인 위기로 이어집니다. "나팔을 불어 경고하며 견고한 성읍을 치며 높은 망대를 치는 날이로다"(1:16).

하나님의 빛이 떠나면 마음이 어두워지고 절망에 빠지는 것만으로 끝나지 않습니다. 성읍을 치며 높은 망대를 치는 무서운 공격이 이어집니다.

그래서 우리는 항상 자신의 마음을 살필 필요가 있습니다. 마음에 기쁨과 평안이 없고 불안한 상태가 계속된다면, 당장 눈앞에 닥친 어려움이 없다 해도 스스로 비상사태를 선포해야 합니다. 마음에 기쁨도 없고 감사도 없는데 돈이 계속 들어오는 것은 절대 좋은 일이 아닙니다. 그럴 때에는 얼른 시간을 내서 하나님 앞으로 달려가야 합니다. 그 앞에서 몸부림치고 기도하면서 눈물을 되찾아야 합니다. 기쁨이 사라지는 것은 하나님의 백성에게 굉장히 중요한 경고입니다.

"견고한 성읍"과 "높은 망대"가 있었던 것을 보면, 예루살렘도 그 나름대로 전쟁에 대비하고 있었던 것 같습니다. 그러나 하나님이 진노하시는 날에는 이런 대비책도 아무 소용이 없습니다. 아무리 견고한 성을 쌓고 높은 망대를 지어놓아도 바벨론이 토성 쌓고 공성퇴로 때리면 그냥 무너져 버립니다. 아무리 수고하면서 돈을 많이 벌어 놓아도 하나님이 한 번 불어 버리시면 싹 날아가 버립니다.

지금까지 예루살렘이 함락되지 않은 것은 성이 견고하거나 망대가 높아서가 아니라 하나님이 보이지 않는 손으로 지켜 주셨기 때문입니다. "예루살렘을 건드리는 것은 내 눈동자를 건드리는 것과 같다"고 하시면서 지켜 주셨기 때문에 지금까지 한 번도 함락되지 않은 거예요. 이사야가 말한 바가 무엇입니까? 예루살렘은 사마리아와 다르다는 것입니다. 사마리아는 예루살렘의 다섯 배에 달하는 큰 성이었고 훨씬 튼튼한 성이었지만 일찍 망해 버렸습니다. 그러나 예루살렘은 성전의 기능이 살아 있었기 때문에 아무도 건드리지 못했습니다.

우리도 살아남으려면 교회의 기능이 살아 있어야 합니다. 교회 건물이 얼마나 웅장하고 얼마나 많은 사람이 모이느냐는 둘째 문제입니다. 하나님이 보시는 것은 거기에서 바른 말씀이 선포되고 있느냐, 눈물의 기도가 있느냐, 회개가 있느냐, 변화가 있느냐 하는 것입니다. 그것만 있으면 절대 무너지지 않습니다. 하나님이 눈동자처럼 지켜 주십니다. 그런데 예루살렘이 그 기능을 잃어버렸을 때, 하나님은 그들을 바벨론의 손에 넘겨주셨습니다.

예루살렘의 멸망을 곧 하나님의 실패라고 말할 수 있습니까? 그럴 수 없습니다. 하나님은 시간이 다 되었다고 판단하셨기 때문에 그들을 넘겨주신 것입니다. 예를 들어 중병을 앓고 있는 환자가 자꾸 수술을 미루고 있는데, 더 이상 미루면 목숨을 잃게 된다고 합시다. 그 마지막 순간이 왔을 때 의사는 수술을 강행하려 들 것입니다. 하나님은 예루살렘이 돌아오기를 기다리고 또 기다리셨습니다. 그러나 이제는 더 이상 기다리실 수 없게 되었습니다. 여기에서 더 지체하면 예루살렘이 정말 죽을 것이기 때문입니다. 그래서 그나마 남은 자들을 건지시기 위해 예루살렘의 멸망이라는 큰 수술을 감행하셨고, 결국 이 일을 통해 여호와를 아는 지식이 온 땅에 퍼지게 되었습니다.

하나님의 은혜는 한 곳에 고여 있거나 갇혀 있으면 안 됩니다. 사람이 은혜를 가두어 놓으려 할 때 하나님은 수술을 감행하십니다. 바울은 "복음을 인하여 내가 죄인과 같이 매이는 데까지 고난을 받았으나 하나님의 말씀은 매이지 아니하니라"(딤후 2:9)라고 말했습니다. 말씀이 우리 안에만 갇혀 있으면 안 됩니다. 복음을 들을 수 있는 모든 사람을 향해 퍼져 나가야 합니다. 사랑도 우리 안에만 갇혀 있으면 안 됩니다. 친한 사람들끼리만 잘 지내는 것은 그리스도인의 사랑이 아닙니다. 내가 싫어하는 스타일의 사람들도 초청해서 함께 사랑을 나누어야 합니다. 그렇게 하지 않으면 하나님이 망치를 들어 그 단단한 껍데기를 깨 버리십니다.

결국 예루살렘 교회는 이방 교회를 낳기 위해 해산하는 고통을 치르게 되었고, 이처럼 유다와 예루살렘이 깨지면서 전 세계적인 새로운 교회가 잉태되게 되었습니다. 해산의 수고가 없으면 하나님의 백성은 만들어지지 않습니다. 저절로 잘 믿는 사람이 어디 있습니까? 한 사람 새로 전도해서 제대로 된 교인으로 세우려면 적어도 3년은 해산하는 수고를 해야 합니다. 기껏 붙들어다 놓으면 쓱 가 버리고, 애써 세워 놓으면 풀썩 쓰러집니다.

그렇다고 해서 지금 편하게 지내려는 사람은 장차 난산하게 될 것입니다. 출산할 때 아이가 나오지 않는다고 해서 중도에 포기하는 산모는 없습니다. 전도가 안 된다고 해서 포기하지 마십시오. 기도가 안 된다고 해서 포기하지 마십시오. 산모가 아이를 낳기 위해 포기하지 않고 용을 쓰듯이, 기도하기 싫어도 기도하기 위해 용을 써야 합니다. 말씀이 귀에 들어오지 않아도 열심히 붙들기 위해 애를 써야 합니다. 꼴 보기 싫은 사람, 말하기 싫은 사람도 만나기 위해 노력해야 합니다.

예루살렘이 미리 이 수고를 했더라면 깨질 필요가 없었을 것입니다. 그러나 그들은 끝까지 버티다가 큰 수술을 받고 말았습니다.

유다 백성들의 형편

여호와의 날이 오면 유다 백성들은 어떤 형편에 처하게 될까요? "내가 사람들에게 고난을 내려 소경같이 행하게 하리니 이는 그들이 나 여호와께 범죄하였음이라. 또 그들의 피는 흘리워서 티끌같이 되며 그들의 살은 분토같이 될지라"(1:17).

하나님은 모든 유다 백성들을 소경처럼 만드실 것입니다. 소경이 되면 어떻게 됩니까? 아무것도 보지 못합니다. 바로 옆에 생명의 길이 있는데도 죽음의 길만 골라서 가는 것이 영적인 소경의 특징입니다. 유다와 예루살렘이 망할 무렵에는 놀랍게도 망할 짓만 골라서 하는 것을 보게 됩니다. 기업도 망할 때에는 정확히 망하는 수순을 밟아 갑니다. 살아날 길이 아주 없는 것도 아닌데 망할 길만 정확히 밟고 갑니다. 하나님이 그들의 눈을 멀게 하시기 때문입니다.

마치 압살롬이 반역을 일으켰을 때 하나님이 그의 눈을 어둡게 하셔서 아히도벨의 계략 대신 후새의 계략을 택하게 하신 것과 같습니다. 아히도벨은 다윗에게 시간을 주지 않고 곧바로 공격할 것을 주장했고, 다윗의 친구인 후새는 시간을 벌어서 전면전을 벌일 것을 제안했습니다. 그 당시 상황으로는 당연히 기습공격을 해야 했습니다. 그렇게만 했다면 다윗의 나라는 바로 끝장이 났을 것입니다. 그러나 압살롬에게는 승리자의 자만심이 생겼습니다. 그는 군대를 전부 모아 다윗과 본격적으로 싸움으로써 자신의 위세를 과시하고 싶었습니다. 그래서 결국 망하는 길을 택하고 말았습니다.

예루살렘이 망한 것은 구제받을 길이 전혀 없었기 때문이 아닙니다. 단지 소경이 되어 그 길을 보지 못했기 때문에 망한 것입니다. 사람이 교만해지면 소경이 됩니다. 바로 옆에 살 길이 있는데도 무시하고 엉뚱한 길로 가서 고생은 고생대로 하고 결국은 망해 버립니다.

목자는 양을 끌고 갈 때 좋은 길로만 데려가지 않습니다. 때로는 사망의 음침한 골짜기로도 데려갑니다. 왜냐하면 그 길이 지름길이기 때문입니다. 그 골짜기만 지나면 푸른 초장과 잔잔한 시내가 나타나게 되어 있습니다. 그런데 양이 목자를 따라가지 않고 혼자 넓은 길로 가 버리면 어떻게 됩니까? 절벽으로 떨어져 버립니다. 우리는 앞에 무엇이 기다리고 있는지 알지 못합니다. 그렇기 때문에 한 걸음 한 걸음 하나님의 인도를 받아서 나아가야 합니다. 그리고 하나님이 정지 신호를 보내시면 아무리 급해도 그 자리에 멈춰 서서 기다려야 합니다.

이렇게 하나님을 두려워하는 사람에게는 반드시 길이 열리게 되어 있습니다. 지금 내 눈에 길이 보이지 않는다고 두려워하지 마십시오. 정말 중요한 문제는 내가 하나님을 의지하고 있느냐 하는 것입니다. 내가 지금 분명히 하나님을 의지하고 있다면, 분명히 말씀을 붙들고 있다면, 분명히 그 음성을 듣고 있다면, 바른 길을 가고 있는 것입니다. 남들이 아무리 "너 그 길로 가면 망해!"라고 말해도 흔들리지 마십시오. 반드시 영광스럽고 풍성한 삶으로 나아갈 것입니다. 반면에, 자기 자신을 믿고 눈에 보이는 길을 택해서 걸어간 사람들은 언젠가 사고를 만나게 되어 있습니다.

구약의 성도들은 하나님을 '반석'이라고 불렀습니다. 밀물이

들어올 때에는 반석을 잘 골라야 합니다. 잘못된 반석을 선택하면 그 반석과 함께 물에 잠겨 버리기 때문입니다. 유다 백성들은 참된 반석을 버리고 엉뚱한 반석으로 옮겨 갔다가 몰사하고 말았습니다.

이처럼 반석을 버린 유대인들은 그 피가 티끌같이 날리게 될 것입니다. 이것은 피를 흘리고 죽은 시체를 아무도 묻어 주지 않아서 그 말라붙은 가루가 먼지가 되어 바람에 날리게 된다는 뜻입니다. 그들의 살도 분토가 될 것입니다. 시체가 이리저리 굴러다니다가 없어져 버린다는 것입니다. 하나님의 백성에게 죽음은 하나님께 나아가는 영광스러운 일입니다. 그러나 언약을 버린 백성의 죽음은 수치가 될 것입니다. 아무도 그 죽음을 돌아보지 않을 것입니다.

우리의 모든 삶을 평가하는 분은 하나님이십니다. 내가 얼마나 열심히 살았느냐, 얼마나 많은 인정을 받았느냐가 중요한 것이 아니라 하나님이 보시기에 얼마나 아름답게 살았느냐가 중요한 것입니다. 자기 스스로 행복해지려 하는 사람은 하나님께도 사람에게도 버림받아 비참한 종말을 맞게 되어 있습니다.

아름다운 삶을 살고 싶다면 지금부터 자꾸 나를 죽이는 연습을 해야 합니다. 나의 혈기를 십자가에 못 박고 나의 욕심을 십자가에 못 박는 연습을 해야 합니다. 화가 마구 치밀어 오를 때에도 "하나님, 나는 죽었습니다. 나는 이제 존재하지 않습니다. 그러니까 화내지 않겠습니다" 하면서 자꾸 자신을 죽이려고 노력할 때 하나님의 영광이 우리 삶을 채우게 되며, 죽음도 영광스럽게 맞이할 수 있는 것입니다. 자기중심적으로 살다가 유다 백성들처럼 피가 말라붙어서 먼지가 되어 없어질 정도로 형편없는 죽음을 맞이한다면 얼마나 비참하겠습니까?

지금 유다 백성들은 돈으로 이 어려움을 피할 수 있을 것처럼 생각하고 있습니다. "그들의 은과 금이 여호와의 분노의 날에 능히 그들을 건지지 못할 것이며 이 온 땅이 여호와의 질투의 불에 삼키우리니 이는 여호와가 이 땅 모든 거민을 멸절하되 놀랍게 멸절할 것임이니라"(1:18).

지금까지는 외국 군대가 쳐들어와도 은과 금만 주면 노예로 잡아가지 않고 빼내 주었습니다. 그러나 스바냐는 이제 그런 방법이 통하지 않을 것이라고 말합니다. 바벨론의 적개심이 너무 극심해서 돈으로도 그들의 분노를 가라앉힐 수 없다는 것입니다.

그들이 왜 그토록 유다 백성을 미워하게 될까요? 하나님의 질투 때문입니다. 하나님은 자기 백성이 하나님 아닌 다른 것을 더 의지할 때 질투하십니다. 말씀 아닌 다른 것을 더 좋아할 때 질투하십니다. 사실 하나님은 질투할 필요가 없는 분입니다. 하나님은 아쉬울 것이 하나도 없기 때문입니다. 그럼에도 불구하고 우리에 대해 질투의 감정을 품으시는 것은 우리를 굉장히 높은 자리로 끌어올려서 사랑하시는 것입니다. 우리는 이 질투 앞에 충격을 받아야 합니다. "아, 하나님! 저 같은 것이 뭐라고 이렇게 질투하십니까? 저는 돈도 필요 없습니다. 명예도 필요 없습니다. 사람들의 칭찬도 필요 없습니다. 그저 하나님의 이 사랑으로 충분합니다"라고 반응해야 합니다. 그런데 예루살렘 사람들은 이 사랑을 당연하게 생각하고 더 교만해졌습니다.

하나님은 우리를 포기하지 않으십니다. 우리는 미련하게도 내가 하나님을 잊으면 하나님도 나를 잊으실 것이라고 생각합니다. '나는 엉터리 신자니까 나한테는 신경도 안 쓰시겠지'라고 생각합니다. 그러나 하나님은 "신자면 다 신자지, 엉터리 신자가 어디 있느냐? 네가 제대로 믿을 때까지 나는 질투하겠다"고 말씀하십니다.

오늘 성경이 우리에게 말씀하는 바가 무엇입니까? 해산하는 수고 없이는 새로운 생명이 탄생할 수 없다는 것입니다. 예루살렘이 멸망한 것은 해산하는 수고를 미리 하지 않았기 때문입니다. 사도 바울은 진리에서 떠난 갈라디아 교회를 향해 "다시 너희를 위하여 해산하는 수고를 하노니"(갈 4:19)라고 썼습니다. 오늘 우리는 어떻게 해산하는 수고를 해야 하겠습니까? 하나님 나라의 어떤 부분을 위해 해산하는 수고를 해야 하겠습니까?

만약 우리가 하나님의 백성이라고 하면서도 해산하는 수고를 하지 않는다면 하나님이 우리를 강제로 분만대에 올려서 해산케 하실 것입니다. 그러므로 오늘 어떻게 해서든지 말씀을 붙들기 위해 애쓰십시오. 어떻게 해서든지 기도하기 위해 힘쓰십시오. 세상 사람들처럼 잘사는 길을 택하지 말고 하나님의 인도를 받기 위해 노력하십시오. 보기 싫은 사람도 만나고, 힘들어도 말씀으로 사람을 세우십시오. 그러면 하나님이 그 수고를 보시고 영광스러운 미래를 주실 것입니다.

우리에게 중요한 문제는 눈앞에 어려움이 있느냐 없느냐가 아니라 우리 마음속에 빛이 있느냐 없느냐입니다. 사실 이 세상에 살면서 전혀 어려움 없이 산다는 것은 불가능한 일입니다. 그러나 그 마음에 생명의 등불이 켜져 있는 사람은 미래의 일을 구체적으로 알지는 못해도 '하나님이 분명히 내 길을 인도하신다'는 확신으로 걸어갈 수 있습니다. 우리에게는 이러한 확신과 소망, 믿음과 자신감이 있어야 합니다. 아직 어려움이 닥치지도 않았는데 마음부터 무너져 내리는 사람은 어두움 가운데 있는 것입니다.

　오늘 우리의 마음속에 이 밝은 빛을 밝혀 달라고 기도합시다. 불안과 두려움을 떨쳐 버리고 분노의 감정에 사로잡히지 않으며 하나님의 질투하시는 사랑에 만족하고 그것을 축복으로 알 때, 하나님이 친히 우리의 든든한 반석이 되어 주실 것입니다. 보이지 않는 미래의 길을 열어 주시고 우리를 통해 이 세상을 건져 주실 것입니다.

4

예루살렘 멸망의 의미

스바냐 2:1-7

2:1 수치를 모르는 백성아, 모일지어다, 모일지어다.

2 명령이 시행되기 전, 광음이 겨같이 날아 지나가기 전, 여호와의 진노가 너희에게 임하기 전, 여호와의 분노의 날이 너희에게 이르기 전에 그리할지어다.

3 여호와의 규례를 지키는 세상의 모든 겸손한 자들아, 너희는 여호와를 찾으며 공의와 겸손을 구하라. 너희가 혹시 여호와의 분노의 날에 숨김을 얻으리라.

4 가사가 버리우며 아스글론이 황폐되며 아스돗이 백주에 쫓겨나며 에그론이 뽑히우리라.

5 해변 거민 그렛 족속에게 화 있을진저. 블레셋 사람의 땅 가나안아, 여호와의 말이 너희를 치나니 "내가 너를 멸하여 거민이 없게 하리라."

6 해변은 초장이 되어 목자의 움과 양 떼의 우리가 거기 있을 것이며

7 그 지경은 유다 족속의 남은 자에게로 돌아갈지라. 그들이 거기서 양 떼를 먹이고 저녁에는 아스글론 집들에 누우리니 이는 그들의 하나님 여호와가 그들을 권고하여 그 사로잡힘을 돌이킬 것임이니라.

2:1-7

사람마다 자기 나름대로 안전하다고 믿는 것이 하나씩 있습니다. 어떤 사람은 집이 있기 때문에 전세 파동이 일어나도 안전하다고 생각하고, 어떤 사람은 재무구조가 튼튼한 회사에 다니기 때문에 웬만한 경제난이 닥쳐도 안전하다고 생각하며, 또 어떤 사람은 건강에 자신이 있기 때문에 질병 앞에서도 안전하다고 생각합니다. 그러나 그렇게 믿었던 마지막 보루가 무너질 때, 집이 날아가거나 회사가 무너지거나 중병에 걸리게 될 때, 사람들은 극심한 절망에 빠져 버립니다.

　스바냐가 하나님의 말씀을 외치던 때는 예루살렘이 멸망당하기 바로 직전이었습니다. 유다 백성들에게 가장 든든한 마지막 보루는 예루살렘 성과 성전이었습니다. 그들은 '설마 하나님이 예루살렘 성을 멸망시키시겠는가? 성전이 불타도록 내버려 두시겠는가?'라고 생각했습니다. 그리고 예루살렘이 남아 있는 한 자신들에게는 미래가 있고 희망이 있다고 생각했습니다. 그런데 오늘 스바냐는 그 예루살렘의 멸망을 예언합니다. 그러면 유다 백성의 희망은 완전히 사라져 버리는 것입니다. 그들에게 안전한 곳이란 더 이상 존재하지 않게 됩니다. 오늘 본문이 말씀하는 바가 바로 그것입니다. 인간이 만든 것 중에 안전한 것이란 하나도 없습니다. 어떤 집도, 어떤 직장도 진노의 심판을 막아 줄 수는 없습니다. 이 진노의 심판을 피하는 길은 오직 하나, 어느 곳에 있든지 무엇을 하든지 하나님의 말씀에 순종하는 것뿐입니다.

또한 스바냐는 이처럼 예루살렘도 멸망한다면, 가사나 아스글론 같은 블레셋의 강한 성들은 더더욱 하나님의 심판을 감당하지 못할 것이라고 말하고 있습니다.

진노의 심판이 닥치기 전에

인간의 모든 노력을 수포로 만들 거대한 폭풍이 다가오고 있을 때 우리가 할 수 있는 일은 무엇일까요? 웬만한 규모의 폭풍이라면 중요한 물건들도 챙겨 놓고 사람들도 대피시키는 등 그 나름대로 대비를 할 것입니다. 그런데 그런 노력이 전혀 쓸모없는 엄청난 폭풍이 한순간 한순간 다가오고 있을 때 우리가 할 수 있는 일이 무엇이겠습니까? 어떤 사람은 미친 듯이 울부짖으면서 이 방 저 방 돌아다닐지도 모릅니다. 아예 모든 것을 체념한 채 넋을 잃고 앉아 있는 사람들도 있을 것입니다.

지금 스바냐가 예언하고 있는 상황은 그야말로 폭풍 전야입니다. 이 폭풍은 유다 백성들의 모든 노력을 무력하게 만들 것입니다. 이 전쟁은 비단 유다만 멸망시키는 것이 아니라 주위 나라들까지 함께 멸망시킬 것입니다. 이것이 사실이라면 그들이 지금

할 수 있는 일은 무엇입니까?

오늘 본문에는 "……전"이라는 표현이 반복적으로 사용되고 있습니다. 2장 2절을 보십시오. "명령이 시행되기 전, 광음이 겨같이 날아 지나가기 전, 여호와의 진노가 너희에게 임하기 전, 여호와의 분노의 날이 너희에게 이르기 전에 그리할지이다."

무슨 뜻입니까? 이제 예루살렘에 닥칠 심판은 과거의 심판들과 그 성격이 다르다는 것입니다. 과거에는 적군들이 몰려와서 상당한 고통을 주다가도 결국에는 물러가곤 했습니다. 그러나 이번에는 성이 완전히 함락될 것이며 성전은 불타고 예루살렘 거민 대부분이 죽거나 사로잡힐 것입니다. 이 무서운 명령이 시행되기 전, 광음이 겨같이 지나가기 전, 여호와의 진노가 임하기 전, 분노의 날이 이르기 전, 그들이 해야 할 일은 무엇입니까? 하나님의 심판은 굉장히 빠른 속도로 다가오고 있습니다. 그래도 아직 시간이 남아 있을때 그들이 해야 할 일은 무엇입니까?

선지자는 "수치를 모르는 백성아, 모일지어다, 모일지어다" (2:1)라고 말합니다. 이것은 굉장히 강조된 표현입니다. '아직까지 자신들이 어떤 형편에 처해 있으며 하나님 앞에 어떤 모습을 하고 있는지 모르는 자들아, 전쟁이 두렵고 심판이 두려우면 모이고 또 모이라'는 것입니다. 어디로 모여야 합니까? 하나님의 말씀 앞으로 모여야 합니다. 지금 이 심판을 계획하고 명령하는 분이 바로 하나님이시기 때문입니다. 이것은 우연히 일어나는 일도 아니고, 재수가 없어서 생기는 일도 아닙니다. 하나님의 말씀 때문에 생기는 일입니다. 그러니까 말씀 앞으로 모여야 하는 것입니다.

선지자는 왜 유다 백성들을 "수치를 모르는 백성아"라고 부릅니까? 아직까지 이 모든 일의 원인이 어디에 있으며 자신들이 하나님 앞에 얼마나 부끄러운 죄인인지 모르고 있기 때문입니다. 다시 말해서 자신들이 죄인이라는 생각은 하고 있지만 사태가 이 정도로 심각하다는 사실까지는 모르고 있는 것입니다. "수치를 모르는 백성아"라는 것은 더 깊은 차원의 회개를 촉구하며 더 서둘러서 하나님을 구하도록 자극하는 표현으로 보입니다. 자신은 아무 문제도 없다는 자들에게는 아무리 "수치를 모르는 백성아, 모일지어다"라고 외쳐 보아야 소용이 없습니다. 그러나 무언가 문제가 있다고 느끼고 있던 자들은 "아이고, 정말 무슨 큰일이 나는구나" 하면서 선지자의 말에 귀를 기울일 것입니다.

지금 예루살렘에는 무서운 진노의 순간이 다가오고 있으며, 그 속도가 점점 더 빨라지고 있습니다. 이것은 인간의 힘으로는 도저히 막을 수 없는 재앙으로서, 이제는 도저히 돌이킬 방법이 없습니다. 이럴 때 그들은 무엇을 해야 합니까? "여호와의 규례를 지키는 세상의 모든 겸손한 자들아, 너희는 여호와를 찾으며 공의와 겸손을 구하라. 너희가 혹시 여호와의 분노의 날에 숨김을 얻으리라"(2:3).

스바냐는 심판이 급속히 다가오고 있기는 하지만 그래도 아직 시간이 있을 때, 그동안 이 핑계 저 핑계로 실천하지 않던 말씀을 실천하라고 합니다. 재앙이 다가온다는 소식이 들릴 때 세상 사람들은 무엇이라도 더 움켜쥐려 합니다. 라면 몇 박스라도 더 쟁여 놓으려고 하고 금붙이 은붙이라도 몸에 지니고 있으려고 합니다. 그래야 비상시에 의지할 수 있기 때문입니다. 그런데 스바냐는 그와 정반대되는 말씀을 하고 있습니다. 이럴 때일수록 여호와를 찾으며 그동안 이기심과 욕심 때문에 순종하지 못하고 있던 말씀에 왕창 순종하라는 것입니다. 아직 시간이 남아 있을 때 돌려줄 물건이 있으면 빨리 돌려주고, 갚을 돈이 있으면 빨리 갚아 주며, 보상할 것이 있으면 빨리 보상하고, 사과할 일이 있으면 빨리 사과하라는 것입니다. 이것이 분노의 날에 숨김을 받는 길입니다.

전에 어떤 여자분이 갑자기 배가 아파서 병원에 갔는데, 위암 말기라는 진단이 나왔습니다. 그분이 저에게 "이제 얼마 못 산다는데 어떻게 하면 좋습니까?"라고 묻기에, 이렇게 말씀드렸습니다.

"남은 시간이 얼마인지는 모르겠지만 그동안 하실 일이 있습니다. 매일 하나님을 찬송하십시오. 그리고 자녀들을 용서할 일이 있으면 용서하고, 다른 사람에게 줄 것이 있으면 주고, 포기할 것이 있으면 포기하십시오. 남은 시간 동안 하나님께 영광 돌리는 삶을 사십시오."

그랬더니 그분이 물었습니다.

"그러면 암이 나을까요?"

"그건 아무도 모릅니다. 나을 수도 있고 그대로 돌아가실 수도 있습니다. 하지만 남은 기간 동안 그렇게 사신다면 하나님이 분명히 영생을 주실 것입니다."

그분은 그 말을 따랐습니다. 매일 찬송하고, 매일 기뻐하며, 그동안 원수처럼 지냈던 자녀들을 용서하고 돈도 나누어 주었습니다. 그리고 2주 후에 죽음을 맞이했습니다. 저는 예수 믿지 않는 그 자녀들에게 "어머니는 구원받으셨습니다"라고 분명히 말해 주었습니다.

경고의 말씀이 들릴 때, 세계 곳곳에서 무서운 재앙이 일어나고 있을 때, 하나님을 조금이라도 두려워하는 자들이 해야 할 일이 무엇입니까? 믿노라 하면서도 움켜쥐고 있던 것을 놓고, 버려야 하는데도 버리지 못했던 죄를 버리는 것입니다. 줄 것은 주고, 포기할 것은 포기하고, 날마다 하나님께 영광을 돌리며 사는 것입니다. 그러면 재앙이 오지 않을까요? 그래도 재앙은 올 수 있습니다. 그렇다 하더라도 이렇게 사는 것이 바른 자세입니다. 물론 하나님이 한 번 더 기회를 주셔서 재기하게 하시는 경우도 있습니다. 그러나 그것은 전적으로 하나님의 손에 달린 일이고, 우리는 주어진 시간 동안 붙들고 있던 욕심을 버리고 원수진 관계를 풀고 줄 것은 주면서, 하나님이 원래 우리에게 기대하셨던 모습을 되찾아야 합니다.

스바냐 선지자 당시에는 이렇게 돌이켜도 재앙을 피할 수 없을 정도로 때가 늦어 있었습니다. 그러나 선지자가 약속하는 것이 무엇입니까? 예루살렘은 파괴되겠지만 사람들은 덜 죽는다는 것입니다. 적군에게 끌려가기는 하겠지만 보호받을 수 있다는 것입니다. 이처럼 때가 너무 늦어서 재앙을 피할 수 없을 때라도 회개하는 것은 절대 손해가 아닙니다. 물론 이렇게 늦어 버리기 전에 회개해서 다시 기회를 얻는다면 그 이상 감사한 일이 없을 것입니다. 그러나 때가 너무 늦어서 재앙을 피하지 못한다고 해도 손해는 아닙니다. 하나님이 놀라운 방식으로 고통을 줄여 주시고, 노예로 끌려 가는 와중에서도 보호해 주시며, 수용소에서도 특별히 도와주시기 때문입니다.

누가복음 16장에는 불의한 청지기의 비유가 나옵니다. 하나님은 유대인들에게 많은 것을 주셨습니다. 특히 그들에게 주신 말씀은 세상의 부귀나 영화, 학식과는 비교할 수도 없이 귀한 것이었습니다. 하나님께서 이 놀라운 선물을 주신 목적은 이웃을 사랑하게 하려는 데 있었습니다. 말씀을 나누어 주든지 몸으로 섬기든지 돈으로 도와주든지 어떤 방식으로든 사랑하게 하시려고 이러한 특권을 주신 것입니다. 그런데 그들은 입 싹 닦고 자기들끼리만 잘 먹고 잘살았습니다. 그들은 주인의 재산으로 호의호식하는 불의한 청지기와 같았습니다.

예수님의 비유에 나오는 청지기는 어느 날 주인이 이 사실을 알고 자신을 내쫓으려 한다는 소식을 들었습니다. 그는 당장 실업자가 될 처지에 놓였습니다. 그때 그가 한 말은 영원한 실업자들의 표어가 될 만합니다. "땅을 파자니 힘이 없고 빌어먹자니 부끄럽구나!"

그래서 결국 그가 한 일이 무엇입니까? 그는 지금까지 순전히 자신만을 위해 주인의 돈을 써 왔다는 사실을 깨달았습니다. 그러니까 자기가 망해도 전부 좋아하면 좋아했지, 도와줄 사람이 한 명도 없었습니다. 그래서 이왕 주인의 돈을 낭비할 것이라면, 아직 시간이 있을 때 남을 위해 쓰기로 작정했습니다. 그는 기름 100말 빚진 사람을 불러다가 50말로 깎아 주고, 밀 100석을 빚진 사람을 불러다가 80석으로 깎아 주었습니다. 그의 이런 행동을 본 사람들은 아마 깜짝 놀랐을 것입니다. "야, 사람은 역시 두고 봐야겠더라. 알고 보니까 좋은 사람이던데." 그는 이렇게 시간이 있을 때 미리 장래를 준비했습니다. 그의 행동은 옳지 않았지만 지혜로웠습니다. 땅을 파자니 힘이 없고 빌어먹자니 부끄럽다면, 이 종처럼 지금까지 살아왔던 삶의 태도를 바꾸는 수밖에 없습니다.

예수님은 예루살렘이 곧 로마에 멸망할 것을 알고 계셨습니다.

그때 그들이 조금이라도 덜 죽으려면 어떻게 해야 합니까? 움켜쥐고 있던 손을 펴서 무엇이라도 나누어 주어야 합니다. 말씀을 주든지 돈을 주든지 몸으로 때우든지 무엇이라도 나누어 주어야 합니다. 그렇다고 멸망을 아주 피하지는 못할 것입니다. 그래도 100만 명 이상 죽는 비참한 지경까지는 가지 않을 것입니다.

위기가 다가오고 있을 때 살아남으려면 지금까지의 태도를 완전히 바꾸어야 합니다. 받을 것은 못 받아도 줄 것은 챙겨 주어야 하고, 원한이 있으면 풀어야 하며, 용서할 일이 있으면 용서해 버려야 합니다. 그래서 혹시라도 하나님이 다시 기회를 주신다면 더 이상 바랄 것이 없습니다. 그러나 기회를 못 주실 정도로 때가 늦어서 재앙이 닥친다 해도 특별한 보호를 받게 될 것입니다.

우리는 사랑을 나누어 주도록 창조되었습니다. 그런데 우리도 먹고살아야 하고 미래가 불안하니까 마냥 사랑만 할 수가 없습니다. 그래서 이 핑계 저 핑계 대면서 꽉 움켜쥐고 있는 것들이 많이 있습니다. 그럴 때 주님이 말씀하시는 것이 무엇입니까? "살고 싶다면 무엇이든지 나누어 주어라. 그래야 하나님도 너희에게 사랑을 베풀어 주실 것 아니냐?"

위기에서 우리를 살리는 것은 예루살렘이 아닙니다. 성전 건물도 아닙니다. 하나님의 백성이라는 확신도 아닙니다. 오직 말씀을 실천하는 것만이 위기의 순간에 조금이라도 은혜를 얻을 수 있는 유일한 길입니다.

공의와 겸손을 구하라

이렇게 위기 앞에서 사랑을 실천하면 위기를 피할 수 있습니까? 이미 말했듯이 그것은 우리에게 달린 문제가 아니라 전적으로 하나님께 달린 문제입니다. 그러나 분명한 사실은 빨리 돌이키면 돌이킬수록 좋다는 것입니다. 부패가 더 진행되기 전에 빨리 태도를 바꾸면 다시 한 번 기회를 얻을 수 있으며, 설사 기회를 얻지 못하고 위기를 맞이한다고 해도 특별한 긍휼을 얻을 수 있습니다. 예를 들어 회복될 수 없는 병에 걸린 사람이 마지막 순간까지 사력을 다해 사람들에게 긍휼을 베푼다면, 설사 낫지 못하고 죽는다 해도 하나님의 심판대 앞에서 큰 긍휼을 얻을 것입니다.

오늘 말씀은 우리에게 무엇을 명령하고 있습니까? "여호와의 규례를 지키는 세상의 모든 겸손한 자들아, 너희는 여호와를 찾으며 공의와 겸손을 구하라. 너희가 혹시 여호와의 분노의 날에 숨김을 얻으리라."

여기에서 선지자는 유대인과 이방인의 구분 없이 세상의 모든 겸손한 자들에게 여호와를 찾으라고 명합니다. 그 구체적인 방법은 첫째로 공의를 구하고, 둘째로 겸손을 구하는 것입니다. 유다 백성들은 눈에 보이는 예루살렘 성과 성전이 자기들을 지켜 줄 수 있다고 생각했습니다. 그러나 그들을 지켜 줄 수 있는 것은 그런 건물이 아니라 하나님의 긍휼입니다. 오직 그분 안에만 해답이 있습니다. 그렇기 때문에 하나님을 두려워하는 겸손한 자들은 세상에서 답을 찾으려 들면 안 됩니다. 세상은 우리가 봉사해야 할 대상이지 의지할 대상이 아닙니다. 그러니까 하나님을 찾으라는 것입니다.

그렇다면 공의란 무엇일까요? 줄 것은 주고 받을 것은 받는 것입니다. 더 나아가 혹시 받을 것은 못 받더라도 줄 것은 주는 것입니다. 사실 살다 보면 남의 것을 제대로 챙겨 주지 못할 때가 많고, 또 그것으로 치부하게 되는 경우가 있습니다. 누군가 노력했으면 그 노력에 상응하는 대가를 주는 것이 공의입니다. 그리고 다른 사람에게 피해를 입혔으면 그만큼 물질적으로 보상하는 것이 공의입니다. 그런데 살다 보면 그 간단한 일이 잘 실천되지 않습니다. 부자가 되는 가장 손쉬운 방법은 받을 것은 악착같이 챙겨 받으면서 줄 것은 되도록 주지 않는 것입니다. 빨리 부자가 되려면 가난한 사람들을 이용해야 합니다. 실제로 기업이 망했을 때 종업원들이나 하청업체들 돈은 챙겨 주지 않으면서도 사주들은 살 길을 마련해 놓는 경우가 많이 있습니다. 그러나 하나님은 무엇이라고 말씀하십니까? "너는 빈손으로 망해도 남들에게 줄 것은 철저하게 챙겨 주라"는 것입니다. 그러면 하나님이 다시 기회를 주실 수도 있습니다.

겸손은 하나님 앞에서 자신을 낮추는 것입니다. 자기보다 높은 사람 앞에서는 자기를 과시하지 않는 것이 예의입니다. 왕보다 화려한 옷이 있다고 해서 그것을 차려입고 왕 앞에 나서는 사람은 교만한 사람입니다. 왕보다 더 많은 시종을 거느리고 나타나는 사람은 교만한 사람이에요. 하나님의 백성은 아무리 돈이 많아도 하나님 앞에서 멋대로 쓸 수가 없습니다. 하나님이 보좌에서 다 보고 계시는데 어떻게 그 앞에서 내 마음대로 쓸 수 있겠습니까? 그런데 지금 유다 백성들은 마치 눈앞에 두려운 존재가 없는 사람들처럼 행동하고 있습니다. 자기보다 높은 존재가 하나도 없는 것처럼 최고의 집에서 최고의 옷을 차려입고 최고로 잘살고 있습니다. 하나님보다 더 똑똑하고 더 거룩한 체하며 살고 있습니다.

참으로 하나님을 두려워하는 사람은 가진 돈이 많아도 없는 듯 하나님 앞에 가난한 자로 나아가기를 구하며, 권력이 있어도 없는 듯 하나님 앞에 가장 약한 자로 나아가기를 구합니다. 그것이 진정한 지혜입니다. 항상 최고급 옷만 입고 최고급 음식만 먹으면서 남에 대해서는 인색한 사람은 하나님의 저울에 아주 가볍게 나타날 것입니다. 그럴 때 하나님은 "바람에 날리는 겨처럼 가벼운 이 성은 지켜 줄 가치가 없다"는 판단을 내리시고 무너뜨리십니다.

하나님 앞에서 묵직하게 무게가 나가려면 내 욕심 때문에 남의 행복을 해치지 말아야 하며, 한 걸음 더 나아가 남을 행복하게 하기 위해 내 것을 포기해야 합니다. 그래서 스바냐 선지자는 예루살렘 사람들에게 빨리 태도를 바꿀 것을 촉구했습니다. 하나님 앞에서 화려한 의복을 벗어 버리고 굵은 베옷을 입으며 재를 뒤집어쓸 것을 촉구했습니다. 물론 한두 사람이 그렇게 공의를 구하고 겸손을 구한다고 해서 예루살렘의 멸망을 피할 수 있는 것은 아닙니다. 그러나 하나님은 재앙 중에도 그 몇 명의 의인을 분명히 기억하여 피할 길을 주실 것이며, 포로로 잡혀간 곳에서도 은혜를 입게 하실 것입니다.

블레셋의 멸망

유다와 예루살렘이 멸망할 때에는 주위 여러 나라도 함께 멸망할 것입니다. 그러나 그 의미는 완전히 다릅니다. 하나님이 유다를 멸망시키는 것은 연단하시는 것입니다. 그들의 신앙을 다시 한 번 순수하게 만들기 위해, 다시 한 번 겸손하게 만들기 위해 고난의 풀무에 던지시는 것입니다. 그러나 블레셋 도시국가들의 멸망은 말 그대로 멸망에 지나지 않습니다.

똑같은 실업자라도 그리스도인과 비그리스도인의 처지는 근본적으로 다릅니다. 한 사람은 하나님의 연단을 받는 실업자지만, 다른 한 사람은 그냥 실업자입니다. 똑같은 병실에 누워 있는 환자라도 한 사람은 연단받는 환자이고, 다른 한 사람은 그냥 아픈 환자입니다. 간 환자들은 "우리는 똑같이 간이 부은 사람들"이라고 농담을 하는데, 사실은 똑같이 부은 간이 아닙니다. 이 간은 말씀대로 안 살아서 부은 간이고, 저 간은 술 마셔서 부은 간입니다. 그러니까 치료법도 각기 다릅니다. 이 간은 눈물로 회개해야 치료가 되고, 저 간은 술을 끊어야 치료가 됩니다. 이처럼 겉보기에는 똑같아 보여도 실제로는 이 간과 저 간이 다르고, 이 실업자와 저 실업자가 다르며, 이 도시의 멸망과 저 도시의 멸망이 다릅니다.

4절과 5절을 보십시오. "가사가 버리우며 아스글론이 황폐되며 아스돗이 백주에 쫓겨나며 에그론이 뽑히우리라. 해변 거민 그렛 족속에게 화 있을진저. 블레셋 사람의 땅 가나안아, 여호와의 말이 너희를 치나니 '내가 너를 멸하여 거민이 없게 하리라.'"

블레셋은 이스라엘의 철천지원수였습니다. 그들은 이스라엘보다 한발 앞서 가나안 땅에 정착했습니다. 아마도 크레타 섬에서 이주한 해적들이었던 것 같습니다. 그들은 해양민족으로서 도시국가 체제를 형성하고 있었습니다. 이스라엘 백성들이 출애굽 직후 해변길로 직행하지 않은 것은 바로 이 블레셋 때문이었다고 모세는 기록하고 있습니다. 사사 시대 때에는 거의 블레셋의 속국이 되었다가 삼손의 지도력으로 하나님 백성의 정체성을 되찾기도 했습니다.

이처럼 블레셋은 훈련소의 악질적인 조교처럼 두고두고 이스라엘에게 날카로운 가시 역할을 했습니다. 그들은 아말렉 족속과 함께 이스라엘을 증오하고 괴롭히는 일에 헌신했습니다. 그러나 이제 유다 백성들이 바벨론에 포로로 잡혀 감으로써 그들의 역할은 끝날 것입니다. 그리고 이렇게 역할이 끝남과 동시에 영원히 역사에서 사라질 것입니다.

우리 주변에도 그런 자들이 있습니다. 예수 믿는 사람이라면 도시락까지 싸들고 다니면서 간섭하고 괴롭히는 자들이 있어요. 대체 왜 그렇게 합니까? 그것이 그들의 사명이기 때문입니다. 그런 자들은 하나님의 백성들이 교만해질 때 특히 더 많이 나타나게 되어 있습니다. 그들이 존재하는 목적은 하나님 백성의 교만을 꺾는 것입니다.

사실 예수 믿는 사람들이 얼마나 교만한지 모릅니다. 하나님이 사랑해 주시니까 자기가 최고인 줄 압니다. 그럴 때 믿지 않는 사람들 중에 우리를 완전히 기죽이는 사람이 나타납니다. 그런 사람은 그리스도인 기죽이는 것을 인생의 사명으로 알고 덤벼듭니다. 그러나 하나님의 새로운 계획이 나타나면 그들은 더 이상 존재할 이유가 없어집니다.

그러므로 우리는 그들을 미워할 것이 아니라 오히려 불쌍히 여겨야 합니다. 그들은 우리를 위해 너무 많은 시간과 힘을 낭비하고 있습니다. 우리는 그들이 우리를 괴롭히는 것으로 임무가 끝나서 사라져 버리지 않도록 기도해 주어야 하며 가끔 선물도 사주고 친절하게 말도 걸어 주어야 합니다. 하나님의 백성들이 하나님의 뜻에 따라 겸손해지면 나중에 그들과 친구가 될 수도 있습니다. 그러나 유다 백성들처럼 끝내 변하지 않아서 하나님이 준비하신 다른 프로그램으로 넘어가 버리면, 나를 괴롭히던 사람들도 블레셋처럼 망해서 사라져 버립니다.

유다의 회복

블레셋이 살던 곳은 장차 어떻게 됩니까? "해변은 초장이 되어 목자의 움과 양 떼의 우리가 거기 있을 것이며 그 지경은 유다 족속의 남은 자에게로 돌아갈지라. 그들이 거기서 양 떼를 먹이고 저녁에는 아스글론 집들에 누우리니 이는 그들의 하나님 여호와가 그들을 권고하여 그 사로잡힘을 돌이킬 것임이니라"(2:6-7).

이 예언의 문자적인 의미는, 블레셋의 다섯 도시국가가 망한 후 그 땅이 버려진 채 있다가 포로생활에서 돌아온 유다 백성들의 차지가 된다는 것입니다. 그것도 예전처럼 번창한 도시가 아니라 한가로이 양 떼나 먹이는 한산한 곳이 된다는 것입니다. 그러나 우리에게 더 중요한 것은 이 예언의 신학적인 의미입니다.

이 예언의 신학적인 의미는 하나님의 백성들은 언제든지 되살아날 수 있다는 것입니다. 하나님의 말씀이 다시 한 번 은혜롭게 다가오기 시작할 때, 성령의 감동이 살아나기 시작할 때, 아무리 절망적인 형편에서도 능히 재기할 수 있다는 것입니다. 하나님의 말씀은 창조하는 능력이 있기 때문입니다. 하나님의 말씀은 가정을 가질 수 없는 상황에서 가정을 갖게 하고, 직장을 얻을 수 없는 상황에서 직장을 얻게 하며, 공부할 수 없는 상황에서 공부하게 만듭니다. 그러므로 그리스도인은 어떤 어려움 가운데 처해도 소망을 가질 수 있습니다.

반면에, 블레셋은 다시 회복되지 못할 것입니다. 이 해변도시들은 다시 번창하지 못하고 목동들이 양 치는 곳이 될 것입니다. 교회는 성령의 부으심만 있으면 아무리 침체되어 있는 상태에서도 다시 부흥할 수 있습니다. 그러나 세상의 단체나 나라는 한번 기운이 꺾이면 다시 일어서지 못한 채 역사 뒤편으로 영원히 사라져 버립니다.

돌아온 유다 백성들이 블레셋에서 산다는 것은 이방인들이 하나님께로 돌아온다는 사실도 알려 줍니다. 그들은 과거처럼 자기 중심적으로 남을 공격하거나 괴롭히지 않고 하나님께 붙들려 평안하게 살 것입니다.

오늘 본문이 우리에게 말씀하는 바가 무엇입니까? 우리가 살기 위해서는 우리에게 있는 은혜를 필사적으로 나누어 주어야 한다는 것입니다. 원래 우리 것은 하나도 없습니다. 우리에게 있는 것은 전부 남들과 나누라고 하나님이 주신 것들입니다. 그런데 그 은혜를 내 안에 가두어 놓고 나만 행복하게 살려고 들면 결국 부패하게 되어 있으며 심판을 맞이하게 되어 있습니다.

심판의 때가 다가오고 있다고 생각될 때 해야 할 일이 무엇입니까? 이 핑계 저 핑계 대면서 순종하지 않고 있던 말씀에 순종하는 것, 욕심으로 움켜쥐고 있던 손을 놓고 왕창 사랑하는 것입니다. 이렇게 할 때 하나님은 두 번째 기회를 주시기도 하고, 어려움을 겪을 때 고통을 줄여 주시기도 합니다.

하나님 앞에서 공의와 겸손을 되찾는 일이 중요합니다. 내 욕심으로 남의 행복을 해치면 안 됩니다. 약한 사람이라고 해서 멸시하거나 그의 행복을 빼앗으면 안 됩니다. 내 행복을 위해 남의 눈에서 눈물이 흐르게 하거나 남의 입에서 탄식이 흘러나오게 하면 하나님이 절대 그냥 계시지 않습니다. 그러나 그보다 더 아름다운 일은 남의 행복을 위해 내 옥합을 깨뜨리는 것이고 내 권리를 포기하는 것입니다. 이것이 하나님이 기뻐하시는 공의입니다.

겸손한 사람은 자기 권리를 전부 주장하지 않습니다. 왕 앞에서 자기 권리를 전부 주장하는 사람은 교만한 사람입니다. 내 것이라고 해서 하나님 앞에서 전부 사용하려 들면 안 됩니다. 내 돈이라고 마음대로 쓰거나 내 시간이라고 마음대로 사용하면 안 됩니다. 가진 것이 있어도 없는 듯 가난한 마음으로 나아가야 합니다. 그래야 불쌍히 여겨 주십니다.

또한 기억해야 할 것은 똑같이 어려움을 당한다고 해서 유다와 블레셋이 같은 것은 아니라는 사실입니다. 블레셋은 말 그대로 망하는 것이지만, 유다는 더 온전하게 되기 위해 연단받는 것입니다. 학생도 똑같은 학생이 아니고, 실업자도 똑같은 실업자가 아니며, 환자도 똑같은 환자가 아닙니다. 하나님의 백성은 기회를 잃어도 다시 그 힘을 회복할 수 있지만, 세상 사람들은 넘어지는 것으로 끝입니다. 그들에게는 연단이나 부흥이라는 말이 없습니다. 한번 경쟁에서 떨어져 나가면 그것으로 끝나는 것입니다.

그러므로 여호와를 힘껏 찾읍시다. 우리 사이에 막혀 있는 담을 허물어 버립시다. 오해와 원한이 있으면 풀어 버립시다. 아직 시간이 있을 때 힘껏 사랑합시다. 그럴 때 하나님이 우리에게 긍휼을 베풀어 주시며 다시 한 번 성령으로 축복해 주실 것입니다.

5

이웃 나라들의 멸망

스바냐 2:8-15

2:8 "내가 모압의 훼방과 암몬 자손의 후욕을 들었나니 그들이 내 백성을 훼방하고 스스로 커서 그 경계를 침범하였느니라.

9 그러므로 만군의 여호와 이스라엘의 하나님이 말하노라. 내가 나의 삶을 두고 맹세하노니 장차 모압은 소돔 같으며 암몬 자손은 고모라 같을 것이라. 찔레가 나며 소금 구덩이가 되어 영원히 황무하리니 나의 끼친 백성이 그들을 노략하며 나의 남은 국민이 그것을 기업으로 얻을 것이라."

10 그들이 이런 일을 당할 것은 교만하여 스스로 커서 만군의 여호와의 백성을 훼방함이니라.

11 여호와가 그들에게 두렵게 되어서 세상의 모든 신을 쇠진케 하리니 이방의 모든 해변 사람들이 각각 자기 처소에서 여호와께 경배하리라.

12 "구스 사람아, 너희도 내 칼에 살육을 당하리라."

13 여호와가 북방을 향하여 손을 펴서 앗수르를 멸하며 니느웨로 황무케 하여 사막 같이 메마르게 하리니

14 각양 짐승이 그 가운데 떼로 누울 것이며 당아와 고슴도치가 그 기둥 꼭대기에 깃들일 것이며 창에서 울 것이며 문턱이 적막하리니 백향목으로 지은 것이 벗겨졌음이라.

15 이는 기쁜 성이라. 염려 없이 거하며 심중에 이르기를 '오직 나만 있고 나 외에는 다른 이가 없다' 하더니 어찌 이같이 황무하여 들짐승의 엎드릴 곳이 되었는고! 지나가는 자마다 치소하여 손을 흔들리로다.

2:8-15

요즘 우리는 ‘문명의 충돌’이라는 말을 듣고 있습니다. 그동안 사람들은 이슬람 문화에 관심이 별로 없었고, 관심을 가지려 들지도 않았습니다. 그러나 이제는 이슬람권이 미국에 테러를 감행하는 것을 보면서, 또 미국과 아프가니스탄의 전쟁을 보면서, 혹시 이런 대립이 기독교 세계와 이슬람 세계 전체의 전쟁으로 확산되지는 않을까 염려하고 있습니다.

사실 어느 나라도 주변 나라와 상관없이 살아갈 수는 없습니다. 우리나라도 좋든 싫든 일본이나 중국과 관계를 맺어야 하며 북한도 완전히 무시할 수 없습니다. 그렇다고 북한을 전적으로 믿을 수도 없고 불신할 수도 없는 것이 우리의 어려움입니다.

오늘 본문은 유다와 늘 가까이 있으면서 갈등하며 충돌했던 두 나라, 모압과 암몬의 멸망에 대해 말씀하고 있습니다. 또 유다와 가까이 있었던 것은 아니지만 영향을 끼쳤던 구스와 앗수르의 멸망에 대해서도 말씀하고 있습니다. 이렇게 가까이 있는 나라들과 멀리서 영향을 끼치던 나라들이 망하면 어떻게 될까요? 우리는 흔히 이런 상황을 가리켜 "판이 뒤집혔다"고 말합니다. 하나님은 유다의 멸망을 통해 세상의 판을 완전히 뒤엎어서 새로운 질서와 세계를 만들고자 하십니다.

그 전까지는 애굽과 앗수르, 즉 애굽과 메소포타미아를 연결하는 초승달 모양의 지역이 세계의 중심을 차지하고 있었습니다. 그런데 하나님은 유다의 멸망을 계기로 그 중심지를 지중해권으로 옮겨 버리십니다. 유다와 그 주변 나라들이 망하고 그 후에 바벨론과 페르시아가 알렉산더 대왕의 손에 망함으로써 초승달 지역은 완전히 폐허가 되고, 세계는 지중해 시대로 돌입합니다. 그리고 그 지중해 시대도 로마가 망하고 이슬람교가 그 지역을 침략하며 신대륙이 발견되면서 종말을 고하고, 대서양 시대가 새로이 열리게 됩니다.

이처럼 세계 질서는 영원불변하지 않습니다. 전혀 생각지도 못한 요인에 의해 기존 질서가 붕괴되고 새 질서가 창출됩니다. 그렇다면 그 전환기마다 교회는 어떻게 될까요? 새로운 질서에 밀려 사라지는 것이 아니라 더 새로운 모습으로 그 중심으로 파고들어가 새로운 역할을 감당합니다.

오늘 본문을 얼핏 보면 유다가 망하면서 그 주변 나라들도 동시에 망한다는 사실을 말하려 하는 듯합니다. 그러나 좀더 깊이 살펴보면 유다와 주변 나라들의 동반몰락을 말하는 데 그치지 않음을 알게 됩니다. 오늘 본문은 세상 강대국은 전부 멸망해도 하나님의 교회는 점점 더 넓은 세계로 헤엄쳐 나아가 결국에는 세계의 중심이 된다는 사실을 말씀하고 있습니다. 교회의 역사를 살펴보면 이 점을 확실히 알 수 있습니다. 우리가 볼 때 교회는 아주 작은 배처럼 미약해서 거대한 세계사의 격랑에 휩쓸려 침몰할 것만 같습니다. 그러나 금방이라도 가라앉을 듯 이리 기우뚱 저리 기우뚱 위태로워 보이던 그 작은 배는 점점 더 넓은 강으로 나아가 마침내 망망대해에 이르게 됩니다. 그리고 결국은 세계의 중심을 차지합니다.

모압과 암몬의 교만

모압과 암몬은 이스라엘의 가까운 이웃이었습니다. 그러나 이스라엘 백성들을 향한 미움과 증오를 버리지 못했습니다. "내가 모압의 훼방과 암몬 자손의 후욕을 들었나니 그들이 내 백성을 훼방하고 스스로 커서 그 경계를 침범하였느니라"(2:8상).

성경은 하나님께서 "모압의 훼방과 암몬 자손의 후욕"을 들었다고 말씀합니다. 그들은 다른 일은 몰라도 이스라엘에게 무지무지한 욕설을 퍼붓는 일에는 단연 선두였습니다. 그들은 이스라엘 백성이 나타났다고 하면 자다가도 벌떡 일어나서 욕을 퍼부을 정도로 그들을 미워했습니다. 그래서 이스라엘 백성이 잘되지 않기를 바랐을 뿐 아니라, 기회만 나면 직접 경계를 침범하고 공격했습니다.

그들이 이처럼 이스라엘 백성들을 미워한 이유가 무엇입니까? 이스라엘 백성들을 너무나 잘 알고 있었기 때문입니다. 이스라엘은 정말이지 잘난 데가 한 군데도 없는 족속이었습니다. 한 가지 다른 점이 있다면 하나님을 믿는다는 것뿐이었습니다. 그런데 그런 별 볼일 없는 족속이 하나님을 믿는다는 그 한 가지 이유만으로 전 세계 사람들의 주목의 대상이 되고 하나님의 모든 축복을 누리는 것을 볼 때, 그들은 속이 뒤틀려서 견딜 수가 없었습니다.

어려서부터 아주 잘 알고 지내던 이웃이 있다고 합시다. 그 이웃은 실력도 없고 공부도 못하고 인품도 별 볼일 없는 사람이었습니다. 그런데 어느 날 갑자기 그 사람이 성공해서 신문에 이름이 나고 사람들의 인기를 독차지한다면 얼마나 속이 뒤틀리겠습니까? 다른 사람들이야 존경하고 좋아할지 몰라도, 내막을 아는 나는 절대 그 사람에 대해 좋게 말하지 않을 것입니다. 대화 중에 그 사람 이름만 나와도 마구 흥분하면서 욕을 하고 눈을 흘길 것입니다. "내 숙제 맨날 베끼던 놈이 어쩌다 잘돼 가지고 잘난 척하는 꼴 못 봐주겠다"고 하면서 미워할 것입니다.

모압과 암몬 사람들도 마찬가지였습니다. 그들은 이스라엘 백성들을 너무나 잘 알고 있었습니다. 이스라엘 백성들은 자신들과 별반 다를 바 없는 보잘것없는 사람들이었습니다. 그런데 애굽에서 엄청나게 인구를 불려 나오더니 가나안 땅을 전부 차지해 버렸습니다. 오랫동안 그 지역에 살았던 자신들은 가나안 동편에 겨우 자리를 차지하고 있는데, 그들은 단숨에 세계의 중심을 차지해 버린 것입니다. 그러니까 그들을 미워하고 욕할 수밖에 없었습니다.

그러나 그들이 깨닫지 못한 점이 무엇입니까? 하나님이 이렇게 형편없는 민족을 축복하신 것을 볼 때, 다른 민족들도 그들처럼 하나님께 나아가기만 하면 똑같은 복을 받을 수 있다는 사실입니다. 그런데 자신들은 하나님께 나아가지도 않으면서, 하나님께 나아감으로써 복을 받은 이스라엘은 그토록 미워했던 것입니다.

사도 바울은 이 원리를 알고 있었습니다. "죄인 중에 내가 괴수니라. 그러나 내가 긍휼을 입은 까닭은 예수 그리스도께서 내게 먼저 일절 오래 참으심을 보이사 후에 주를 믿어 영생 얻는 자들에게 본이 되게 하려 하심이니라"(딤전 1:15-16).

예수께서 그토록 심하게 교회를 핍박하던 바울을 높이 들어 사용하신 것은 누구든지 말씀에 사로잡혀서 헌신하기만 하면 그처럼 영광스럽게 사용될 수 있음을 보여 주시기 위해서였습니다. 그러니까 아무도 바울을 시기하거나 욕할 필요가 없습니다. '나도 하나님께 나아가면 저렇게 사용될 수 있겠구나'라고 생각하면 됩니다. 하나님이 아무 자랑할 것 없는 이스라엘을 그토록 축복하신 것 또한 모압과 암몬이 시기할 거리가 아니라 오히려 찬송할 제목이었습니다. 그러나 그들은 이것을 깨닫지 못했습니다.

내 주변에서 늘 빌빌거리던 친구가 한순간에 유명한 사람이 되었다고 해서 시기하거나 욕할 필요 없습니다. 오히려 "아, 하나님은 누구라도 축복하실 수 있구나" 하면서 찬양해야 합니다. 하나님의 복은 큰 바다처럼 무궁무진합니다. 어느 한 사람에게 나누어 주셨다고 해서 줄어들지 않습니다. 아직도 남은 복이 엄청나게 많아요. 그 사람은 그 사람대로 축복하고 사용하시며, 나는 나대로 축복하고 사용하실 것입니다. 그러니까 남을 미워하고 시기할 것이 아니라 나도 하나님께 나아가면 되는 것입니다.

그러나 모압과 암몬 사람들은 하나님의 부요함은 보지 못하고 눈앞에 있는 땅만 보았기 때문에 이스라엘이 못되어야만 자기들이 잘될 수 있을 것처럼 시기했습니다. 지하철에 빈 좌석이 많을 때에는 경쟁적으로 뛰어갈 필요가 없습니다. 그러나 오직 하나의 의자만 눈에 보이는 사람은 그 자리를 차지하고 있는 사람이 그렇게 얄미울 수가 없을 것이며, 오직 그 사람이 내리기만을 학수고대할 것입니다.

모압과 암몬은 장차 어떻게 된다고 말씀하십니까? "그러므로 만군의 여호와 이스라엘의 하나님이 말하노라. 내가 나의 삶을 두고 맹세하노니 장차 모압은 소돔 같으며 암몬 자손은 고모라 같을 것이라. 찔레가 나며 소금 구덩이가 되어 영원히 황무하리니 나의 끼친 백성이 그들을 노략하며 나의 남은 국민이 그것을 기업으로 얻을 것이라"(2:9).

소돔과 고모라는 가나안 중에서도 특히 아름답고 비옥한 평지였습니다. 그런데 하나님이 은혜를 거두시니 소금 구덩이로 변하고 말았습니다. 모압과 암몬도 그렇게 될 것입니다. 물론 소돔과 고모라처럼 유황불로 망하는 것은 아닙니다. 그러나 바벨론의 공격을 받아 소돔과 고모라처럼 황무해질 것입니다.

어떤 지역에 사람이 몰린다는 것은 거기에 무언가 돈 될 만한 일이 있다는 뜻입니다. 예를 들어 광산에 금이 나오기 시작하면 사람들이 벌 떼처럼 몰려들고 하숙집이나 술집 같은 부대시설들이 우후죽순처럼 생겨납니다. 그러다가 더 이상 캘 금이 없어지면 그 많던 사람들이 전부 빠져 나가 유령도시가 되고 맙니다.

모압과 암몬은 목축으로 유명한 곳이었습니다. 또 요단 동편 왕의 길로 많은 상인들이 내왕했기 때문에 통행세 수입도 짭짤했습니다. 그러나 세계의 중심이 옮겨지면 더 이상 아무 이익도 얻지 못할 것이며, 자동적으로 사람들의 발길도 끊어질 것입니다. 큰 길을 끼고 있으면 음식점 장사도 잘되고 여관업도 잘됩니다. 그런데 다른 곳에 더 크고 좋은 길이 뚫리면 사람들이 오지 않는 이치와 같습니다. 그러면 예전 지역은 다시 번창할 수가 없습니다. 하나님이 길을 지중해 쪽으로 옮겨 버리시면, 한때 번창했던 모압과 암몬도 자동적으로 소금 구덩이가 되고 인적이 끊어진 황무한 곳이 될 것입니다.

하나님의 끼친 백성들에게 주시는 축복

하나님께서는 "나의 끼친 백성이 그들을 노략하며 나의 남은 국민이 그것을 기업으로 얻을 것이라"(2:9하)고 말씀하십니다.

우리는 여기에서 "백성"과 "국민"이라는 단어에 특히 주의를 기울일 필요가 있습니다. "백성"이라는 뜻의 히브리어 '암미'는 이스라엘 자손을 가리킵니다. 그리고 "국민"이라는 뜻의 '고이' 또는 '고임'이라는 히브리어는 이방인을 가리킵니다. 다시 말해서 이스라엘 백성들이나 이방인들 중에 하나님의 백성이 된 자들이 모압과 암몬 족속의 땅을 차지하게 된다는 것입니다. 이것은 꼭 물리적인 땅을 차지한다는 뜻이라기보다는, 그들이 누리던 주도권과 일반은총이 이스라엘 자손 중에서 바른 신앙을 가진 자들과 이방인들 중에 믿는 자들에게 넘어간다는 뜻입니다.

이처럼 하나님이 보잘것없는 사람들을 들어서 존귀하게 하시고 그들을 통해 일하시는 것은 세상의 똑똑한 사람들에게 굉장한 시험거리입니다. 원래 지식이 많고 똑똑한 사람들을 높이신다면 아무도 수군거리지 않을 것입니다. 그러나 모든 면에서 자기보다 못한 사람, 계급도 낮고 가난하고 무식한 사람들을 높이실 때 그들을 진심으로 존경하고 따르기란 결코 쉬운 일이 아닙니다. 예를 들어 하나님이 바벨론 사람들이나 애굽 사람들을 높이셨다면 모압과 암몬도 군소리 없이 따랐을 것입니다. 그런데 자기들보다 못한 이스라엘 백성들을 높이시니까 자존심과 교만 때문에 받아들이지 못한 것입니다. 그러나 다른 민족들 중에는 일찍부터 자존심을 버리고 이스라엘의 하나님을 받아들인 사람들이 있었습니다. 그들은 모압과 암몬, 애굽과 앗수르가 가지고 있던 주도권뿐 아니라 일반은총까지 넘겨받게 될 것입니다.

우리나라에 처음 기독교가 들어왔을 때 지체 높고 자존심 강한 양반들은 선뜻 받아들이지 않았습니다. 기독교를 받아들인 사람들은 주로 가난하고 신분이 낮은 사람들이었습니다. 그런데 시대가 바뀌면서 기존 체제를 고수하던 양반들은 몰락하고, 기독교를 받아들여 새로운 가치관과 교육을 받은 사람들은 사회 지도층으로 진입하여 과거에 양반들이 누리던 일반은총을 누리게 되었습니다. 이처럼 하나님의 백성들이 모압과 암몬의 땅을 차지한다는 것은 영적인 주도권은 물론이고 물질적인 축복이나 학문적인 축복, 경제적인 축복까지 차지한다는 뜻입니다.

복음은 항상 세상을 바꾸어 놓습니다. 이것은 우리나라뿐 아니라 세계적으로 공통되게 나타나는 현상입니다. 그리고 그 변화의 주역은 하나님을 먼저 받아들이는 가난한 자들입니다. 그들은 사회적으로 인정받지 못하며 억압받는 자들이지만 복음을 통해 마음과 정신이 열림으로써 앞선 사고방식을 가지게 되며, 결국 세상의 축복도 먼저 누리게 됩니다.

환경의 도전을 받아들이지 않으면 도태되게 마련입니다. 처음 철도가 생겼을 때 거부했던 도시들은 삼류도시로 전락하고 말았습니다. 사람은 도전을 받아들이면서 적응력도 커지고 통찰력도 생기게 되어 있습니다. 그런데 환경의 도전보다 더 무서운 것이 복음의 도전입니다. 복음은 기존의 사고방식과 생활방식을 전부 뜯어고칠 것을 요구합니다. 유명한 역사학자인 아널드 토인비는 그리스 문명의 몰락을 살펴보면서 복음의 도전을 거부한 데 그 원인이 있다고 진단했습니다. 즉, 바울이 전한 복음에 반응하지 않았기 때문에 몰락한 것입니다.

10절과 11절을 보십시오. "그들이 이런 일을 당할 것은 교만하여 스스로 커서 만군의 여호와의 백성을 훼방함이니라. 여호와가 그들에게 두렵게 되어서 세상의 모든 신을 쇠잔케 하리니 이방의 모든 해변 사람들이 각각 자기 처소에서 여호와께 경배하리라."

진리의 중심에 들어 있는 영광은 찬란하기 그지없습니다. 그런데 그것을 싸고 있는 껍데기가 너무 초라해서 겉만 보는 사람은 실망하기 십상입니다. 기독교를 전혀 모르는 사람들이 교회를 무시하고 업신여기는 것이 아닙니다. 기독교를 어느 정도 알기는 아는데 그 안에 들어 있는 영광은 보지 못한 채 인간적인 껍데기만 보고 실망한 사람들이 무시하고 업신여기는 것입니다. 그래서 교회에 처음 온 사람들보다는 믿은 지 오래된 사람들이 훨씬 더 교회에 대해 비판적일 뿐 아니라 신앙도 냉소적인 것을 볼 수 있습니다. 그런 사람은 기독교 신앙의 인간적인 면만 보았을 뿐 그 안에 들어 있는 신적인 영광은 보지 못했으면서도 자신이 기독교의 진리를 다 알고 있다고 생각하며, 거기에는 더 이상 기대할 것이 없다고 단정해 버립니다.

모압과 암몬 사람들이 하나님의 백성을 훼방하고 스스로 자신을 높여서 교만해진 것은 이스라엘의 인간적인 면만 보고 그 안에 있는 신적인 영광은 보지 못했기 때문입니다. 세상에서 가장 불행한 사람은 이처럼 기독교를 피상적으로만 접한 사람입니다. 오히려 "해변 사람들"은 여호와를 받아들일 것입니다. 이스라엘에서 멀리 떨어진 곳에 있는 사람들은 오직 말씀을 통해 하나님을 배우고 하나님께 경배함으로써 축복에 동참할 것입니다. 그러나 모압과 암몬 사람들처럼 모든 내용을 잘 아는 것 같지만 실상은 인간적인 겉모습만 보고 실망하고 등을 돌린 사람들은 심판을 받을 것입니다.

세계 질서의 재편성

고대 세계는 앗수르와 애굽이라는 강력한 두 축을 중심으로 움직이고 있었습니다. 가나안 땅은 바로 그 두 곳을 연결하는 중앙에 위치하고 있었기 때문에 자연히 세계의 중심지가 될 수밖에 없었습니다. 그러나 유다와 예루살렘의 멸망으로 세계의 중심은 새로운 곳으로 옮겨질 것입니다. "'구스 사람아, 너희도 내 칼에 살육을 당하리라.' 여호와가 북방을 향하여 손을 펴서 앗수르를 멸하며 니느웨로 황무케 하여 사막같이 메마르게 하리니"(2:12-13).

한때 구스가 막강한 세력으로 애굽 전 지역을 지배한 적이 있습니다. 그래서 "구스"라는 말은 곧 애굽을 의미하기도 하고, 피부가 검은 사람들을 총칭하기도 합니다. 여기에서 구스를 멸망시키신다는 것은 세계의 한 축을 이루고 있는 애굽을 멸망시키신다는 뜻입니다. 또한 하나님은 다른 축 앗수르도 멸망시켜서 사막같이 황무케 하겠다고 하십니다. 유다와 예루살렘의 멸망을 통해 세계 질서를 재편성하시겠다는 것입니다. 세계의 중심은 이제 일원화되어 바벨론, 페르시아, 마케도니아, 로마로 넘어갈 것입니다. 그 이유가 무엇입니까? 전 세계로 하여금 그리스도의 오심을 준비하게 하시기 위해서입니다.

지금까지 세계는 애굽과 앗수르라는 두 축을 중심으로 움직였고, 이스라엘은 아시아와 아프리카를 연결하는 다리로서 양 방향으로 하나님의 의를 전하는 역할을 맡았습니다. 그러나 그들이 하나님의 의를 저버린 채 제 역할을 감당하지 못하자, 하나님은 그들을 멸망시켜 전 세계로 흩어 보내심으로써 신약 교회를 준비하게 하셨습니다.

중심적인 위치를 빼앗긴 애굽과 앗수르는 어떻게 됩니까? "각양 짐승이 그 가운데 떼로 누울 것이며 당아와 고슴도치가 그 기둥 꼭대기에 깃들일 것이며 창에서 울 것이며 문턱이 적막하리니 백향목으로 지은 것이 벗겨졌음이라"(2:14).

당아와 고슴도치는 인적이 없는 곳에 서식하는 동물입니다. 당아는 주로 물고기를 잡아 먹고 사는 학처럼 생긴 새입니다. 애굽과 앗수르는 모두 운하로 유명한 곳이었습니다. 그들이 인공적으로 만든 호수는 그 규모가 얼마나 컸던지 바다처럼 보일 정도였습니다. 그런데 그곳에 이런 새들만 한가로이 살게 된다는 것입니다.

연세대학교 원주캠퍼스에 큰 못이 있는데, 그 가운데 섬이 하나 있습니다. 그 섬에는 사람들이 접근하지 않기 때문에 흰 새들이 많이 서식합니다. 애굽과 앗수르가 바로 그런 곳이 된다는 것입니다. 이처럼 무게중심이 일단 옮겨진 후에는 다시 회복되지 않을 것입니다. 이제 세계는 새로운 방향으로 나아갈 것입니다.

15절은 이 두 곳에 대한 조롱입니다. "이는 기쁜 성이라. 염려 없이 거하며 심중에 이르기를 '오직 나만 있고 나 외에는 다른 이가 없다' 하더니 어찌 이같이 황무하여 들짐승의 엎드릴 곳이 되었는고! 지나가는 자마다 치소하여 손을 흔들리로다."

그동안 애굽과 앗수르가 강대국 행세를 할 수 있었던 것은 하나님이 힘을 실어 주셨기 때문입니다. 그런데 이제는 하나님이 세계를 새롭게 재편하실 것입니다. 하나님의 계획 안에서는 애굽과 앗수르뿐 아니라 바벨론도 잠깐 지나가는 나라이며, 페르시아도 잠깐 지나가는 나라이고, 알렉산더의 마케도니아도 잠깐 지나가는 나라입니다. 오직 영원한 나라는 로마 시대에 탄생할 그리스도의 나라뿐입니다. 그 유명한 나라들은 지금 역사책이나 고고학책에 그 이름만 남아 있습니다. 로마에 가 본 사람들이 하는 말이 무엇입니까? 이 작은 곳이 어떻게 세계를 지배했느냐는 것입니다. 지금은 광장에 노인들이 어슬렁거리고 비둘기들이 한가하게 날아다니며 관광객들이 깃발 들고 한 줄로 서서 열심히 돌아다니고 있을 뿐입니다.

이런 일들을 통해 우리는 오직 하나님께서 역사를 주관하신다는 사실을 확인하게 됩니다. 세상 나라는 결코 영원하지 않습니다. 소련이 무너지고 갑자기 냉전시대가 끝나 버릴 줄 누가 알았겠습니까? 그것은 하나님이 하신 일입니다. 하나님이 성도들의 기도를 들으시고 공산 치하에 있는 백성들을 불쌍히 여겨 주신 것입니다. 소련이 무너진 후 얼마나 많은 젊은이들과 선교사들이 그곳을 찾고 있는지 모릅니다.

그동안 이슬람 세계는 우리에게 잊혀진 곳이었습니다. 그런데 미국에서 큰 테러 사건이 일어나고 전쟁이 벌어지면서 이슬람에 대한 관심이 급속히 커졌습니다. 이러한 이슬람과의 충돌이 도리어 하나님께서 그 문을 열어 수억에 이르는 사람들에게 구원의 기회를 열어 주시는 기회가 되었으면 합니다.

세상 나라들뿐 아니라 교회도 마찬가지입니다. 교회도 한번 촛대가 옮겨지면 전혀 힘을 내지 못하고 이름만 남게 됩니다. 그렇다면 어떻게 해야 구원 역사의 중심에 끝까지 남아 있을 수 있습니까? 무엇보다 교회의 본질을 잃지 않아야 합니다. 인간적인 것으로 신적인 영광을 죽이거나 억압하면 안 됩니다. 항상 하나님 앞에 무릎 꿇고 말씀을 구하며 기존의 사고방식을 버리고 새로워질 생각을 해야 합니다. 교회가 사는 길은 복음의 도전을 항상 받아들이는 것입니다. 케케묵은 옛날 사고방식을 고집하면 하나님의 새로운 요구에 응할 수가 없습니다. 하나님이 무엇을 요구하시든지 그대로 순종하는 자세가 필요합니다. 과거가 아무리 영광스러웠어도 그 시절만 돌아다보고 있으면 안 됩니다.

세계는 지금 들끓고 있습니다. 오늘 하나님께서 요구하시는 것이 무엇이며 내가 버려야 할 것이 무엇인지 생각하지 않으면 순식간에 삼류로 전락해 버릴 것입니다. 나중에 깃발 들고 한국의 교회당 주변을 관광하는 여행객들에게 "이것은 교인들이 만 명씩 모이던 큰 교회였는데 지금은 박물관으로 쓰고 있다"라는 설명을 들려 주게 된다면 얼마나 부끄럽겠습니까?

무엇보다 중요한 일은 교회의 정체성을 분명히 하는 것입니다. 교회는 단순히 많은 사람들이 모이는 문화적인 공간이 아닙니다. 교회는 죄인을 치료하는 병원입니다. 교회는 실패한 자, 질병에 시달리는 자, 우울증 환자, 정신병자를 말씀으로 치료해서 새롭게 만들어 세상으로 내보내는 곳입니다. 만약 교회가 세상적으로 성공한 사람들과 훌륭한 사람들만 모이는 문화적인 공간이 되었다면 이미 그 정체성을 잃은 것입니다. 교회는 죄인들을 치료해서 세상 구석구석으로 보내어 하나님의 일을 하게 해야 합니다.

지나친 제도화는 성령의 역사를 제한할 수 있기 때문에 제도가 성령의 역사를 죽이지 못하도록 항상 주의할 필요가 있습니다.

제도는 성령의 기능을 보완하고 돕는 것이 되어야지, 성령의 역사가 소멸될 정도로 절대적인 것이 되면 안 됩니다.

교회 안에는 인간적인 요소와 신적인 요소가 함께 있어서 항상 갈등을 일으키게 되어 있습니다. 신적인 요소만 너무 강조하면 교인들이 답답하고 사랑이 없으며 재미가 없다고 불평합니다. 그러나 인간적인 요소가 너무 번창하면 말씀이 사라지고 사람 사이의 친목과 자랑으로 가득 차 버립니다. 바로 이 갈등이 우리로 하여금 늘 기도하게 만들고, 하나님 앞에서 우리의 부족함을 인정하게 만들며, 복음을 이론이 아닌 실제로 만드는 것입니다.

교회는 진리를 풍성하게 밝히는 곳이 되어야 합니다. 예배 때마다 성령의 역사가 흘러 넘쳐서 우리의 상한 심령이 고침을 받는 일이 일어나야 합니다. 말씀의 역사가 풍성하게 나타나는 곳이 결국은 세계의 중심지가 될 것입니다. 그곳에 있는 사람들이 세계의 역사를 바꾸어 갈 것입니다.

우리는 지금 대단히 불안정하고 어려운 시대에 살고 있습니다. 그러나 저는 두려워할 필요가 없다고 생각합니다. 과거의 성도들은 우리보다 훨씬 더 어려운 시기를 이겨 냈을 뿐 아니라 오히려 더 큰 일을 해 내지 않았습니까?

지금 세계가 왜 이렇게 들끓고 있습니까? 하나님이 판을 새로이 짜고 계시기 때문입니다. 이럴 때 우리는 어느 누구보다 말씀에 앞장서는 사람이 되어야 합니다. 기도에 가장 앞장서는 사람이 되어야 하며, 하나님으로부터 오는 소식을 가장 먼저 듣는 사람이 되어야 합니다. 남이 잘된다고 해서 시기하거나 불평하지 않고 자신 또한 바울처럼 하나님께 헌신하기를 힘쓸 때, 하나님께서 그 준비하신 풍성한 축복을 내려 주실 것입니다.

6

불의한 성읍

스바냐 3:1-8

3:1 패역하고 더러운 곳, 포학한 그 성읍이 화 있을진저!

2 그가 명령을 듣지 아니하며 교훈을 받지 아니하며 여호와를 의뢰하지 아니하며 자기 하나님에게 가까이 나아가지 아니하였도다.

3 그 가운데 방백들은 부르짖는 사자요 그 재판장들은 이튿날까지 남겨 두는 것이 없는 저녁 이리요

4 그 선지자들은 위인이 경솔하고 간사한 자요 그 제사장들은 성소를 더럽히고 율법을 범하였도다.

5 그중에 거하신 여호와는 의로우사 불의를 행치 아니하시고 아침마다 간단없이 자기의 공의를 나타내시거늘 불의한 자는 수치를 알지 못하는도다.

6 "내가 열국을 끊어 버렸으므로 그 망대가 황무하였고 내가 그 거리를 비게 하여 지나는 자가 없게 하였으므로 그 모든 성읍이 황폐되며 사람이 없으며 거할 자가 없게 되었느니라.

7 내가 이르기를 '너는 오직 나를 경외하고 교훈을 받으라. 그리하면 내가 형벌을 내리기로 정하기는 하였거니와 너의 거처가 끊어지지 아니하리라' 하였으나 그들이 부지런히 그 모든 행위를 더럽게 하였느니라.

8 나 여호와가 말하노라. 그러므로 내가 일어나 벌할 날까지 너희는 나를 기다리라. 내가 뜻을 정하고 나의 분한과 모든 진노를 쏟으려고 나라들을 소집하며 열국을 모으리라. 온 땅이 나의 질투의 불에 소멸되리라."

3:1-8

몇 년 전에 몰락한 한 대기업의 내막을 폭로하는 책이 최근에 출판되었습니다. 그 책의 저자는 이렇게 큰 기업이 하루아침에 몰락했다는 사실이 보통 사람들에게는 큰 충격이었겠지만, 그 기업의 내막을 잘 아는 이들에게는 그렇지 않았다고 말하고 있습니다. 그 기업의 경영은 엉터리였습니다. 전혀 이익이 생기지 않을 곳에는 수백억씩 투자하면서 많은 돈을 받을 수 있는 자회사는 헐값으로 처분해 버렸습니다. 그래서 사람들이 회장에게 이렇게 해도 되겠느냐고 물어보자, "우리같이 큰 회사는 정부가 절대 무너지게 내버려 두지 않는다"고 대답했다고 합니다. 수입보다 더 많은 돈을 수익 없는 곳에 투자하면서도 정부만 믿고 있었던 것입니다. 이런 식으로 경영하는 회사가 무너지는 것은 그야말로 시간 문제일 것입니다.

　예루살렘의 멸망은 주위 모든 나라들에게 큰 충격이었습니다. 지금까지 예루살렘은 어떤 외세의 침략에도 함락된 적이 없었기 때문입니다. 그 안에는 하나님의 성전과 선지자들이 있어서 오히려 예루살렘을 공격하는 쪽이 멸망하는 경우가 많았습니다. 그런데 그 거룩한 성 예루살렘이 마침내 무너져 버린 것입니다. 그러나 내막을 잘 아는 사람들에게는 전혀 충격적인 일이 아니었습니다. 오히려 지금까지 버틴 것이 이상할 정도로 예루살렘은 심하게 부패해 있었습니다.

원래 이스라엘은 자기 힘으로 가나안 땅에서 살 수 없는 나라였습니다. 군사력이 뛰어난 것도 아니었고 돈이 많은 것도 아니었기 때문입니다. 그럼에도 불구하고 그들이 수백 년 동안이나 가나안을 차지할 수 있었던 이유는 오직 한 가지, 여호와 하나님이 그들의 편이 되어 주신 덕분이었습니다. 그들은 하나님의 도움으로 강대국들의 거센 공격에도 성을 지킬 수 있었습니다. 그런데 어느 순간부터 하나님의 도움 없이도 자신들의 힘으로 성을 지킬 수 있다는 자만심이 생기게 되었습니다. 그래서 자꾸 하나님과 원수 되는 일을 저지르기 시작했습니다. 그 결과가 무엇입니까? 한순간에 무너져 버린 것입니다.

이것은 비단 예루살렘뿐 아니라 오늘 우리들에게도 주시는 말씀입니다. 우리 그리스도인들은 절대 자신의 힘으로 세상에서 살수가 없습니다. 매일 매순간 하나님의 보호를 받아야 합니다. 그럼에도 불구하고 우리는 자신의 힘과 재주로 살 수 있는 것처럼 하나님을 시험할 때가 많이 있습니다. 그러면 반드시 망하게 되어 있습니다. 성공하고 싶다면 매일의 삶에 하나님의 도움을 끌어들여야 합니다. 그것만이 이 불확실한 세상에서 망하지 않고 살아남는 길입니다.

예루살렘이 들어야 할 욕

지금까지 예루살렘은 모든 사람의 노래 제목이었습니다. 경치가 유난히 아름답거나 건물이 웅장해서가 아니었습니다. 모든 사람이 예루살렘을 칭송하고 노래한 것은 그들의 탁월한 도덕성 때문이었습니다. 예루살렘에는 세상 어느 곳에서도 찾아볼 수 없는 도덕적인 아름다움이 있었습니다. 이 성에는 불의가 통하지 않았습니다. 남의 물건을 빼앗는 일은 상상도 할 수 없었으며, 여자들이 밤거리를 마음껏 돌아다녀도 겁탈당할 염려가 없었습니다. 이방인들도 일단 예루살렘 안으로만 들어오면 안전을 보장받을 수 있었습니다. 예루살렘에는 뇌물이나 협박도 통하지 않았습니다. 그래서 예루살렘에 다녀온 사람들은 모두 예루살렘을 칭송하고 사랑했습니다.

그런데 오늘 본문에서 예루살렘은 사람들에게서 가장 치욕스러운 말을 듣게 됩니다. "패역하고 더러운 곳, 포학한 그 성읍이 화 있을진저! 그가 명령을 듣지 아니하며 교훈을 받지 아니하며 여호와를 의뢰하지 아니하며 자기 하나님에게 가까이 나아가지 아니하였도다"(3:1-2).

아마도 예루살렘 사람들은 처음 이 말을 들었을 때 대체 누구에게 하는 말인지 알아듣지 못했을 것입니다. 지금까지 늘 화려한 수식이 붙어 있는 칭송만 받아 왔지 이렇게 무지막지한 욕은 들어 본 적이 없었기 때문입니다. 그런데 스바냐 선지자는 그 자존심 높은 예루살렘 사람들을 향해 무지막지한 욕을 퍼붓고 있습니다. 그 이유가 무엇입니까? 그들이 예루살렘의 아름다운 도덕성을 다 팔아먹고 세상에서 흔히 볼 수 있는 불의한 성으로 만들어 버렸기 때문입니다.

선지자는 예루살렘을 세 가지 호칭으로 부르면서, 그들이 불순종한 내용을 네 가지로 열거하고 있습니다. 이렇게 세 가지 또는 네 가지를 열거하는 것은 히브리인들이 흔히 사용하는 문장기법입니다.

첫째로, 선지자는 예루살렘을 "패역하고 더러운 곳, 포학한 그 성읍"이라고 부릅니다. 여기에서 패역하다는 것은 하나님의 말씀을 거부하고 불순종한다는 뜻이며, 더럽다는 것은 내면적으로 부패했다는 뜻입니다. 그리고 포학하다는 것은 겉으로 드러난 행동이 거칠고 난폭하다는 뜻입니다. 이것은 예루살렘이 불의한 성으로 변질되어 가는 과정을 보여 줍니다.

모든 부패의 원인은 패역에 있었습니다. 말씀을 멀리하면서부터 이 모든 결과가 야기된 것입니다. 왜 말씀을 멀리했습니까? 말씀대로 하면 욕심을 채울 수가 없었기 때문입니다. 예루살렘이 정의로운 성이 되려면 힘 있는 사람, 돈 있는 사람들이 손해를 보아야 했습니다. 가진 자들이 손해를 보아야 가난한 사람들이 억울한 일을 덜 당하고, 남자들이 욕망을 억제해야 여성들이 안전할 수 있습니다. 예루살렘이 도덕적으로 수준 높고 아름다운 도시가 되려면 돈 있고 권력 있고 힘 있는 사람들이 욕심을 포기하고 손해 볼 생각을 해야 합니다. 그 사람들이 먼저 양보하면 모두가 편안해질 수 있습니다. 그런데 예루살렘의 권력자들과 부자들이 말씀을 멀리하면서 마음이 옹졸해지기 시작했습니다. 더 큰 것을 보지 못하고 작은 손해를 아까워하게 되었습니다. 그래서 그들이 받을 것을 다 받고 챙길 것을 다 챙겼을 때, 예루살렘은 밤에 안심하고 다닐 수 없는 포학한 곳으로 변질되고 말았습니다.

이것이 순서입니다. 말씀을 멀리하면 작은 이익에 집착하게 됩니다. 그리고 어느 한 사람이 작은 이익을 챙기기 시작하면 그것이 연쇄반응을 일으켜서 성 전체에서 사랑이 사라지기에 이릅니다. 결국 예루살렘의 아름다움을 파괴시킨 것은 작은 욕심이었습니다. 그리고 그 원인은 말씀을 멀리한 데 있었습니다.

네덜란드는 육지가 바다보다 낮기 때문에 언제든지 침수될 위험이 있는 나라입니다. 그래서 안전을 지키려면 항상 물을 밖으로 퍼내야 합니다. 그처럼 예루살렘은 언제든지 사람의 욕망으로 침수될 위험이 있는 나라였습니다. 그렇기 때문에 그들이 살아남으려면 욕망을 자꾸 밖으로 퍼내야 했습니다. 그들은 내 욕심을 채우고 성 전체를 망하게 할 것이냐, 아깝기는 하지만 내 욕심을 포기하고 성 전체를 살릴 것이냐 하는 운명적인 선택의 기로에서 있었습니다. 말씀이 풍성히 살아 있을 때에는 욕망을 포기할 수 있었고, 예루살렘도 사람들의 노래 제목이 될 수 있었습니다. 그런데 말씀이 귀찮아지고 세상 것들이 좋아지면서 더 이상 욕망을 퍼내지 못하게 되었습니다. 그러니까 빠져 나가는 물보다 고이는 물이 더 많아진 것입니다. 이렇게 되면 침수되는 것은 시간 문제입니다.

이 세상에서 사는 한 더러운 생각이나 욕망을 완전히 차단할 수는 없습니다. 우리 속에서는 자연스럽게 욕망이 올라오기 때문입니다. 믿지 않는 사람들은 그것을 신문지로 덮어 놓는 것이 고작입니다. 그러면 눈에는 보이지 않아도 냄새는 나게 되어 있습니다. 그러나 우리에게는 그렇게 눈가림으로 덮어 놓기만 하는 것이 아니라 완전히 씻어 낼 수 있는 방법이 있습니다.

예루살렘에는 오물을 정화시키는 성전이 있었습니다. 아무리 타락하고 부패한 사람도 정직한 마음으로 성전으로 나아가 예배 드리기만 하면 완전히 깨끗해질 수 있었습니다. 예루살렘은 항상 신선한 물이 솟아나오는 영혼의 샘물과 같았습니다.

그런데 언제부터인가 그들은 오물을 씻는 것이 아니라 덮기 시작했습니다. 그것이 예루살렘 멸망의 원인이 되었습니다. 그들은 욕망으로 생수의 근원을 막아 버렸고, 예루살렘은 거대한 오물 덩어리로 전락해 버렸습니다.

예루살렘의 선택

스바냐 선지자는 그들의 불순종을 네 가지로 열거하고 있습니다. "그가 명령을 듣지 아니하며 교훈을 받지 아니하며 여호와를 의뢰하지 아니하며 자기 하나님에게 가까이 나아가지 아니하였도다"(3:2).

예루살렘이 살 수 있는 길은 스스로 힘을 기르는 것이 아니었습니다. 그들을 지키시는 분은 하나님이었습니다. 그러므로 그들은 힘을 기를 것이 아니라 말씀을 붙들고 욕망을 버리기 위해 애써야 했습니다. 사실 그것은 말처럼 쉬운 일이 아닙니다. 고대에는 늘 전쟁이 벌어졌습니다. 그 전쟁에서 자신을 지키려면 군사와 무기가 있어야 했습니다. 그런데 하나님은 군사와 무기를 모을 것이 아니라 말씀에 순종하라고 하셨습니다. 그러면 친히 지켜 주겠다고 하셨습니다.

말씀에 순종하면 과연 적군이 쳐들어오지 않을까요? 그래도 쳐들어옵니다. 물론 아주 망할 지경까지는 가지 않습니다. 가까스로 물리치고 겨우겨우 성을 지킬 수 있습니다. 그런데 우리는 이것이 싫은 것입니다. 왜 겨우 지키는 수준에 머물러야 합니까? 남들처럼 다른 나라를 침략하지는 못한다 해도, 제 나라만큼은 당당히 지킬 수 있어야 하지 않습니까? 이스라엘 백성들은 군사도 모으고 병거도 만들고 창도 만들고 칼도 만들어서 당당하게 살고 싶었습니다. 그런데 그렇게 하려면 말씀을 지킬 수가 없었습니다. 이 사정 저 사정 다 봐주면 언제 힘을 기르겠습니까?

그러나 하나님이 물으시는 것은 겨우겨우 살면 좀 어떠냐는 것입니다. "너희에게는 말씀이 있고 내 능력이 있는데 세상적으로 좀 약하게 살면 어떠냐?"라는 것입니다.

예를 들어 어려운 형편에서 대학에 다니는 그리스도인이 있다고 합시다. 형편이 어렵다고 해서 졸업을 못할 지경까지 가는 것은 아닙니다. 어찌어찌해서 졸업을 하기는 합니다. 그런데 한 번도 제때 등록금을 내 보지 못합니다. 등록금을 낼 때마다 속을 태워 가면서 아주아주 힘들게 졸업합니다. 그럴 때 우리의 마음에는 불만이 생깁니다. 하나님은 말씀하십니다.

"그래서 네가 졸업을 못 했느냐? 졸업했으면 됐지."

"그게 아니지요! 이렇게 마음 졸여 가며 힘들게 졸업하느니 차라리 졸업 못 하는 게 낫습니다!"

이것이 우리의 갈등입니다.

특히 예루살렘의 타락을 부채질한 사람들은 지도자들이었습니다. "그 가운데 방백들은 부르짖는 사자요 그 재판장들은 이튿날까지 남겨 두는 것이 없는 저녁 이리요 그 선지자들은 위인이 경솔하고 간사한 자요 그 제사장들은 성소를 더럽히고 율법을 범하였도다"(3:3-4).

예루살렘은 일찍부터 권력이 분립되어 있었습니다. 왕은 통치권을 가지고 있었으며, 장로와 유사(관리)들은 재판을 맡았습니다. 또 말씀을 전하는 선지자들도 무시할 수 없는 존재였고, 죄를 지은 자들이 온전히 회복되려면 제사장을 찾아가야 했습니다. 그런데 스바냐 선지자는 이들이 전부 한통속이라고 말합니다. 그들은 한결같이 썩어 있었습니다.

방백들은 부르짖는 사자 같았습니다. 즉, 먹이를 보고 달려드는 맹수 같았다는 것입니다. 원래 예루살렘의 지도자들은 목에 힘 주고 권세를 부리는 자들이 아니라 백성들을 돌보는 목자였고, 부모처럼 백성들의 어려움을 일일이 챙겨 주어야 할 사람들이었습니다. 그런데 어느 순간부터 목자는커녕 부르짖는 사자가 되어 버렸습니다. 피도 눈물도 없이 소리를 지르면서 눈에 보이는 대로 물어뜯기 시작했습니다. 그 이유가 무엇입니까? 이제는 옛날같이 살기 싫다는 것입니다. 이제는 자신들도 강해져서 다른 나라들과 당당히 어깨를 겨루겠다는 것입니다. 그러니까 약한 사람들을 일일이 돌볼 여유가 없다는 것입니다.

또 재판장들은 물어뜯는 이리였습니다. 처음부터 걸려들지 말아야지, 일단 걸려들면 빠져 나올 길이 없었습니다. 아예 손해를 보고 말아야지 진실을 밝히겠다고 자꾸 재판을 걸면 더 큰 보복을 당합니다. 무슨 건수만 생겼다 하면 이리 떼처럼 덤벼들어서 뜯어먹을 대로 다 뜯어먹어야 겨우 뒤로 물러섭니다.

재판장이 공평하게 재판하려면 적극적으로 약한 자들의 호소를 들어 주어야 합니다. 강한 자들 쪽에서 왜 약한 자들을 편드느냐는 불평이 나올 정도로 그들의 사정을 들어 주어야 공평한 것입니다. 무조건 "법대로 하자!"고 나서는 사람들은 나쁜 사람들입니다. 법대로 하면 힘 없는 사람, 약한 사람들이 당하게 되어 있습니다. "부자도 2개, 가난한 자도 2개"라는 것은 공평한 판단이 아닙니다. 진정한 의미의 공평은 강한 자가 좀 손해를 보더라도 약한 자를 살리는 것입니다. 그런데 부자의 편을 들면 내 앞으로 떨어지는 국물이 있는 데 반해, 가난한 자들은 아무리 봐주어도 끝이 없다는 것이 문제입니다. 내 앞으로 국물이 떨어지기는커녕 지치도록 한없이 돌보아 주어야 합니다. 그러니까 재판장들이 이리 떼가 되어 버린 것입니다.

선지자들은 경솔했습니다. 이것은 가볍다는 뜻입니다. 그들은 하나님의 말씀이 아니라 자기 머리에서 나온 말을 마음대로 지껄였습니다. 그러니까 말에 무게가 있을 리 없었습니다. 올바로 해석된 말씀에는 무게가 있고 권위가 있기 때문에 사람들이 수긍하며 받아들입니다. 그러나 자기 머리에서 나온 말을 지껄이는 선지자는 불쌍합니다. 실컷 듣기 좋은 소리 해 주고도 나중에는 욕을 얻어먹기 때문입니다.

제사장들은 성소를 더럽혔습니다. 원래 제사장은 깨끗케 하는 사람입니다. 그런데 죄를 씻는 제사가 아니라 죄를 덮어둔 채 제물만 챙기는 제사를 드렸기 때문에 제사를 드리면 드릴수록 성전이 더 더러워지는 결과를 낳았습니다.

이들은 서로 고리를 형성하고 있었습니다. 어느 한 쪽이라도 바르게 서 있었더라면 진리의 샘이 완전히 막히지 않았을 텐데, 지도층 전체가 고리를 형성하고 있었기 때문에 진리가 전혀 들어갈 수 없었습니다. 이처럼 악은 언제나 고리를 형성하게 되어 있습니다. 거기에 순진하게 돌진해서 싸우는 것은 마치 계란으로 바위를 치는 것처럼 무모한 짓입니다. 한쪽을 공격하면 전체가 일제히 덤벼들어서 핍박하기 시작합니다. 개인의 힘으로는 이 거대한 고리를 끊을 길이 없습니다.

세상에 나가서 한번 살아 보십시오. 젊은 혈기나 한때의 정의 감만으로는 절대 이길 수 없다는 사실을 알게 됩니다. 머리로만 아는 진리로는 세상과 싸울 수가 없습니다. 몸속에 녹아든 진리로 싸워야 합니다. 그렇지 않으면 불의를 캐내려고 하다가 오히려 당하는 수가 있습니다. 고리를 형성하고 있는 거대한 악과 싸우려면 진리가 몸속에 녹아들어야 하고, 기도도 무지무지하게 많이 해야 합니다. 그러면 이 악의 고리를 끊을 수 있는 부분을 간파하는 지혜가 생깁니다. 마치 다윗의 눈에 골리앗의 빈 이마가 보이듯이, 거대한 불의의 세력을 깨뜨릴 수 있는 길이 보이기 시작합니다.

예루살렘 백성들은 '예루살렘은 군사력으로 지킬 수 없는 나라'라는 사실을 기억했어야 합니다. 그래서 욕심을 포기하고 끝까지 의로운 성으로 지켰어야 합니다. 그렇게 했는데도 어려움이 온다면 그것은 어쩔 수 없는 일입니다. 그러나 그게 싫어서 말씀을 버리고 욕심을 좇으면 멸망하게 되어 있습니다.

오늘날 예루살렘은 어디입니까? 교회입니다. 놀랍게도 교회를 공의와 은혜로 지키기가 얼마나 어려운지 모릅니다. 교회도 사람들이 모인 곳이기 때문에 강한 자들이 있고 힘센 자들이 있습니다. 교회를 공의롭게 지키려면 그런 사람들과 관계가 좀 불편해지는 것을 감수하고서라도 약한 자들을 적극적으로 돌보아야 합니다. 강한 자와 약한 자를 똑같이 대우하면 안 됩니다. 그러면 반드시 약한 자들이 다치게 되어 있습니다. 강한 자들이 좀 손해를 보더라도 약한 자들을 돌보아야 하며, 좀 편파적이라는 말을 들더라도 약한 자들을 보호해야 합니다. 물론 그렇게 애쓴다고 해서 교회에 아무 어려움도 생기지 않는 것은 아닙니다. 사탄은 여전히 교회를 공격하고 괴롭힐 것입니다. 그러나 치명적인 결정타를 날리지는 못합니다. 하나님이 그 교회를 품에 안고 지키시기 때문입니다.

스스로 강해지려고 하는 사람은 욕망에 침수될 것입니다. 그러나 '내 힘으로는 못 산다. 말씀대로 살겠다'고 결심하는 사람은 하나님이 권고하실 것입니다.

이스라엘 가운데 계신 하나님

하나님은 이스라엘 가운데 계시기를 원하셨습니다. "그중에 거하신 여호와는 의로우사 불의를 행치 아니하시고 아침마다 간단없이 자기의 공의를 나타내시거늘 불의한 자는 수치를 알지 못하는도다"(3:5).

하나님은 이스라엘 백성들과 언약을 맺으셨습니다. 하나님의 모든 은혜는 그들을 통해 세상으로 흘러 들어가게 되어 있었습니다. 그런데 그들이 교만해졌을 때, 하나님이 아무리 공의를 나타내셔도 세상에 전달될 수가 없었습니다.

하나님이 그중에 거하신다는 것은 모든 특권을 이스라엘 백성들에게 넘겨주셨다는 뜻입니다. 하나님은 칼과 방패와 병거와 말만 안 주셨지, 모든 좋은 것을 다 주셨습니다. 그들은 하나님과 독점계약을 맺은 자들이었습니다. 그런데도 하나님을 나타낼 생각은 하지 않고 자기 욕심만 채우니까 아무리 하나님이 진실하고 선하셔도 그것을 나타낼 길이 없었습니다.

"아침마다 간단없이 자기의 공의를 나타내시거늘"이라는 구절을 직역하면 '아침에, 그리고 아침에 그의 판단을 빛으로 나타내시거늘'이 됩니다. 매일 아침 동이 트는 것처럼, 하나님은 날마다 진리와 공의를 나타내셨습니다. 그러나 이스라엘 백성들은 눈을 가리고 그 공의를 보지 않으려 했으며 하나님의 뜻을 인정하지 않으려 했습니다. 마치 어린아이들이 자기 눈만 가리면 온 세상이 캄캄한 줄 아는 것처럼, 자기들의 눈만 가리면 하나님이 없어지는 것처럼 생각했습니다.

그러나 하나님은 온 우주에 가득 차 계셨습니다. 하나님은 아침마다 그들을 찾아와 "겁내지 마라. 두려워하지 마라. 나는 살아 있다. 나는 약속을 지킨다"고 말씀하셨습니다. 그랬는데도 그들은 불안해하고 무서워했습니다.

세상을 너무 겁내지 마십시오. 취직이 안 되거나 결혼이 늦어지는 것은 아직 때가 되지 않았기 때문입니다. 때가 되면 문이 열릴 것입니다. 우리는 아침마다 떠오르는 태양을 통해 하나님의 살아 계심을 확인할 수 있습니다. 그런데 예루살렘 사람들은 매일 아침 떠오르는 태양을 보는 대신, 적의 빛나는 창과 칼과 투구와 병거를 보았습니다. 그리고 '와, 무섭다! 우리가 이렇게 가만히 있으면 안 되겠다. 더 강해지고 포학해져야겠다. 그래야 우리 자신을 지킬 수 있다'고 생각해서 스스로 욕망에 침수되고 말았습니다.

우리 안에는 영혼을 살리는 하나님의 축복이 있습니다. 세상은 절대 이것을 빼앗아 갈 수 없습니다. 조금 괴롭힐 수는 있고 집적거릴 수는 있지만 절대 멸망시키지는 못합니다. 그것이면 되지 않습니까? 망하지 않고 살아 있다가 때가 되어 하나님이 주시는 것을 가지면 되지, 처음부터 강해지고 완벽해지려고 애쓸 필요가 없습니다.

"불의한 자는 수치를 알지 못하는도다"라는 것은, 하나님의 특별한 백성으로 부르심을 받았으면서도 그 부르심에 합당치 못하게 사는 것이 얼마나 부끄러운 일인지 몰랐다는 뜻입니다.

그리스도인이 믿지 않는 사람과 자신을 비교하는 것은 굉장히 부끄러운 일입니다. '아, 나는 매일 걸어다니는데 저 친구는 예수 안 믿어도 좋은 차 타고 다니네' 하면서 비교하는 것은 부끄러운 일이에요. 그 사람은 고작 자동차를 몰고 다니지만 우리에게는 쉐키나의 구름이 있고 말씀이 있고 성령의 능력이 있지 않습니까? 어떻게 비교될 수 있습니까? '믿지 않는 친구는 벌써 애가 셋인데 나는 남자 친구도 없이 뭐하나?' 라고 비관할 필요도 없습니다. 내가 가르치는 유년부에 애들이 바글바글 많지 않습니까? '나는 왜 돈이 없어서 믿지 않는 친구한테 맨날 얻어먹어야 할까?' 라는 고민도 하지 마십시오. 얻어먹는 것이 얼마나 대단한 일인지 모릅니다. 성경을 읽어 보면 주로 천사들이 그렇게 얻어먹습니다.

하나님은 유다 백성들에게 과거를 회상시키고 계십니다. "내가 열국을 끊어 버렸으므로 그 망대가 황무하였고 내가 그 거리를 비게 하여 지나가는 자가 없게 하였으므로 그 모든 성읍이 황폐되며 사람이 없으며 거할 자가 없게 되었느니라"(3:6).

이스라엘 백성들이 처음 가나안 땅을 정탐했을 때 그곳에는 많은 사람들이 살고 있었고 망대도 있었으며 문명도 대단히 발달해 있었습니다. 자신들은 메뚜기에 불과하다는 생각이 들 정도로 그들은 강했고 잘살았습니다. 그런데 그런 자들이 여호수아의 칼날에 망한 이유가 무엇입니까? 그들의 힘이 약했기 때문이 아닙니다. 하나님이 그들을 가치 없다고 판단하셨기 때문입니다. 아무리 문명이 발달하고 생활수준이 높다 해도 하나님 보시기에 무가치한 자들은 그대로 내버려 두시지 않는다는 사실을 이스라엘 백성들은 체험으로 알고 있었습니다.

지금 얼마나 잘살고 힘이 있느냐는 중요치 않습니다. 정말 중요한 것은 정신입니다. 정신이 참신하며 말과 생각이 신선한 사람은 반드시 세상을 정복하게 되어 있습니다. 그러나 아무리 잘살아도 생각이 썩어 있고 말과 생각이 신선치 못한 사람은 어느 한순간 몰락해 버립니다.

그렇다면 무엇이 정신을 항상 새롭게 만들까요? 하나님의 말씀과 성령의 역사입니다. 이것이 없으면 누구나 진부해질 수밖에 없습니다. 소위 유명하다는 사람들이 모인 곳에 가 보십시오. 처음에는 그럴듯한 소리를 해도 5분만 지나면 이 자랑 저 자랑이 나오고 험담과 음담패설이 시작됩니다. 왜 그렇습니까? 새로운 정신이 없기 때문입니다.

예루살렘은 원래 신선한 곳이었습니다. 그러나 하나님은 이제 더 이상 가치가 없다고 판단하고 계십니다. 그들은 자기 힘만 믿고 죄를 짓던 옛 가나안 족속들처럼 되고 말았습니다. 선지자는 가나안 족속의 무너진 망대와 성의 흔적이 아직도 주위에 남아 있는 것을 보라고 말합니다. 우리나라에도 한국전쟁 때 끊긴 철도가 아직 남아 있고, 가끔 땅 속에서 총알이 나오기도 합니다. 그처럼 가나안의 무너진 망대가 유다가 망할 무렵까지도 방치되어 있었던 것 같습니다. 그리고 그들의 번잡했던 거리는 황무지로 남아 있었습니다. 그것을 뻔히 보면서도 왜 깨닫지 못하느냐는 것입니다.

결국 유다가 살 수 있는 길은 무엇입니까? 끊임없이 하나님을 찾는 것입니다. 하나님을 믿고 염려하지 않기로 결심하는 것입니다. '세상이 아무리 무서워도 겁내지 말자. 누가 때리면 한 대 맞지, 뭐. 어쨌든 하나님께 맡기고 하나님을 붙들자'고 결심하는 것입니다.

한번 생각해 보십시오. 우리도 인간인데 왜 욕망이 없겠습니까? 어떻게 무조건 하나님만 찾고 하나님만 의지하겠습니까? 그러나 그렇게 하기 위해 몸부림은 쳐 보아야 합니다. 회개를 너무 어렵게 생각하지 마십시오. 욕망과 싸워서 넘어지면 회개하고, 또 넘어지면 또 회개하십시오. 숨쉬듯이 회개하십시오. 그렇게 수없이 하나님 앞에 울며 나아갈 때 우리에게는 소망이 생겨납니다. 사탄이 무섭게 소리지를 수는 있지만 결정적인 공격을 할 수 없습니다. 이 믿음이 있는 사람은 불확실한 세상에서도 담대하게 살 수 있습니다.

예루살렘의 살 길

멸망이 임박했지만 예루살렘이 살아날 길이 아주 없었던 것은 아닙니다. "내가 이르기를 '너는 오직 나를 경외하고 교훈을 받으라. 그리하면 내가 형벌을 내리기로 정하기는 하였거니와 너의 거처가 끊어지지 아니하리라' 하였으나 그들이 부지런히 그 모든 행위를 더럽게 하였느니라"(3:7).

예루살렘이 살 수 있는 유일한 길은 말씀을 듣고 하나님을 두려워하는 것입니다. 적들이 쳐들어와도, 쳐들어와서 당장 나를 잡아가도 말씀을 붙드는 것입니다. 그렇게 말씀을 붙들고 고난을 받으며 징계를 감당하는 것입니다. 하나님을 경외한다는 것은 곧 그를 두려워하는 것입니다. 이것이 부흥의 시작입니다. 전에는 사람의 눈만 피하면 된다고 생각했던 사람이 이제는 하나님이 모든 것을 보고 계신다는 사실을 알고 그 앞에 모든 죄를 숨김없이 내놓습니다.

죄를 지어 경찰에 끌려가거나 검찰의 조사를 받을 때에는 모든 죄를 숨김없이 자백해야 합니다. 조금이라도 숨기는 것 같으면 경찰이나 검사가 막 호통을 칩니다. 그러나 하나님은 호통 치지 않고 조용히 기다려 주십니다. 그때 내 양심을 갉아먹고 있는 불의와 내 영혼을 침수시키고 있는 욕망을 토하면 되는 것입니다. 그러면 아무 말 없이 용서해 주십니다. 얼마나 쉽습니까? 그러나 이 쉬운 일을 하지 않고 하나님을 속이려 드는 사람은 절대 불쌍히 여기심을 얻지 못할 것입니다.

선지자는 유다 백성들이 하나님의 존재를 의식하고 경외하면 형벌은 받아도 완전히 망하지는 않을 것이라고 말합니다. 이것이 중요합니다. 하나님이 우리를 징계하시는 것은 가능성이 있기 때문입니다. 회복시킬 가치가 없으면 아예 징계하시지도 않습니다. 사람이 살면서 어떻게 어려움을 겪지 않을 수 있겠으며, 징계를 아주 피할 수 있겠습니까? 그러나 그 속에서도 끝까지 하나님을 의지하는 자는 절대 망하지 않습니다.

하나님께서 회개하지 않는 예루살렘에 가지고 계신 뜻은 무엇입니까? "나 여호와가 말하노라. 그러므로 내가 일어나 벌할 날까지 너희는 나를 기다리라. 내가 뜻을 정하고 나의 분한과 모든 진노를 쏟으려고 나라들을 소집하며 열국을 모으리라. 온 땅이 나의 질투의 불에 소멸되리라"(3:8).

우리는 "두고 보자는 사람치고 무서운 사람 없다"고 말합니다. 왜냐하면 사람들은 엄포용으로 그런 말을 할 때가 많기 때문입니다. 그런데 하나님이 두고 보자고 하실 때에는 정말 무서워해야 합니다. 하나님은 심판의 말씀을 주신 후에도 어느 정도 공백을 두고 지켜보십니다. 그럴 때 하나님의 침묵이 의미하는 바를 아는 사람은 눈물 콧물 흘리면서 진심으로 회개합니다. 그러면 죄를 덮어 주시고 그동안 주지 않았던 은혜와 축복까지 얹어서 주십니다. 그런데 교만한 사람은 그 기간에 발악을 하면서 더 큰 죄를 짓습니다. 그러면 하나님의 무서운 진노의 심판이 시작될 것이며, 하나님은 그 진노를 마지막 한 방울까지 다 쏟아붓기 전에는 결코 손을 거두지 않으실 것입니다.

여기에서 하나님의 소집하시는 "열국"은 죄를 지은 유다와 한패가 된 나라들입니다. 평소 이들과 가까이 지내던 자들도 전부 소집되어 심판받을 것입니다.

사랑하는 여러분, 세상을 너무 겁내지 마십시오. 하나님은 우리에게 선한 뜻을 가지고 계시며, 때가 되면 축복해 주십니다. 돈 싫다 해도 돈 주시고, 집 싫다 해도 집 주십니다. 그러므로 먹고 사는 문제는 하나님께 맡기고 스스로 연약한 자리에 머무십시오. 마음을 순결하게 하려고 애쓰십시오. 오물을 신문지로 덮어 두지 마십시오. 성령으로 씻어 내십시오. 예배 때마다 눈물로 씻어 내십시오. 그 생명의 샘에 닿기만 하면 아무리 더러운 사람도 살아날 수 있습니다.

하나님이 침묵을 지키실 때 지체치 말고 그 앞으로 나아가시기 바랍니다. 내 속에 있는 부족함과 불신앙과 악한 삶들을 다 토해 내시기 바랍니다. 그러면 친히 쓰다듬어 주시고 성령을 회복시켜 주시고 예비되었던 복까지 전부 내려 주실 것입니다.

세상을 두려워하지 말고 하나님만 두려워합시다. 지금까지 사람을 의식했다면 이제는 하나님만 의식합시다. 하나님이 주신 특권을 기억하고, 믿지 않는 사람들과 비교하지 맙시다. 그렇게 할 때 우리를 견고케 하시고, 세상에서 승리하게 하시며, 사람들의 노래 제목이 되게 하실 것입니다.

7

하나님께 돌아올 자

스바냐 3:9-13

^{3:9} "그때에 내가 열방의 입술을 깨끗케 하여 그들로 다 나 여호와의 이름을 부르며 일심으로 섬기게 하리니

10 내게 구하는 백성들 곧 내가 흩은 자의 딸이 구스 하수 건너편에서부터 예물을 가지고 와서 내게 드릴지라.

11 그날에 네가 내게 범죄한 모든 행위를 인하여 수치를 당하지 아니할 것은 그때에 내가 너의 중에서 교만하여 자랑하는 자를 제하여 너로 나의 성산에서 다시는 교만하지 않게 할 것임이니라.

12 내가 곤고하고 가난한 백성을 너의 중에 남겨 두리니 그들이 여호와의 이름을 의탁하여 보호를 받을지라.

13 이스라엘의 남은 자는 악을 행치 아니하며 거짓을 말하지 아니하며 입에 궤휼한 혀가 없으며 먹으며 누우나 놀라게 할 자가 없으리라."

3:9-13

과거에 일본 위안부로 끌려갔다가 이국 땅에서 살던 중에 우연히 한 한국인에게 발견되어 조국의 땅을 밟은 훈 할머니의 기사가 신문에 대서특필된 적이 있습니다. 그 할머니가 무려 40년 만에 고향을 찾아 부모님 묘소에 절하면서 통곡하는 모습은 보는 이들의 가슴을 뭉클하게 했습니다. 그는 젊은 나이에 일본군에 끌려가 몸과 마음을 다 망치고, 조국도, 고향도, 심지어 한국말도 잃은 채 살고 있었습니다. 그런데 어떻게 다시 조국으로 돌아올 수 있었습니까? 세상이 그만큼 변했기 때문입니다. 지금 그 할머니를 부정하거나 더럽다고 생각할 사람은 아무도 없습니다. 그것은 한 시대의 아픔이요 우리 모두의 아픔이라는 것을 아는 탓입니다.

그러나 과거에는 그렇지 않았습니다. '환향녀'라는 말이 있습니다. 병자호란 때 청나라로 붙들려 갔던 조선 여인들 중에 고국으로 돌아온 사람들을 일컫는 말이었는데, 그토록 그리워하던 가족들은 몸을 더럽혔다는 이유로 그들을 만나 주지 않았습니다. 결국 그들은 자기들끼리 모여서 불행하게 살다가 죽었고, '환향녀'라는 말은 욕이 되었습니다.

오늘 본문에는 이런 말씀이 나옵니다. "내게 구하는 백성들 곧 내가 흩은 자의 딸이 구스 하수 건너편에서부터 예물을 가지고 와서 내게 드릴지라"(3:10).

하나님께서 흩어 버리신 이스라엘의 딸들이 있었습니다. 그들은 이스라엘이 멸망하면서 노예로 팔려 간 자들로서, 애굽 너머 구스 땅까지 끌려가 몸과 마음을 망쳐 버렸고 그들의 후손은 더 이상 이스라엘 자손이라고 할 수 없을 만큼 이민족과 핏줄이 섞여 버렸습니다. 그 후손들은 이스라엘의 전통과 율법을 거의 잊은 채 살았습니다. 과거에 그런 사람들이 하나님께 예배드린다는 것은 상상도 할 수 없는 일이었습니다. 그런데 오늘 본문은 바로 그런 사람들이 하나님께 나아와 예배드릴 것이라고 말씀하고 있습니다.

이스라엘의 혈통과 신앙을 다 잃은 채 이방인이 되어 버린 자들이 어떻게 하나님께 예배드릴 수가 있을까요? 이것은 세상이 그만큼 변했다는 뜻입니다. 이제는 새로운 세상이 되어서 아무도 그런 사람들을 부정하거나 더럽다고 말하지 않는다는 것입니다. 교만한 자들이나 남을 판단하고 비방하는 자들은 전부 망해서 사라졌습니다. 예루살렘의 멸망은 하나님 나라의 멸망이 아니라 개혁이었습니다. 부요하고 교만한 자들은 쫓겨나고 노예로 팔려 갔던 가난하고 궁핍한 자들이 돌아와 전적으로 하나님만 의지하며 사는 것이 새 예루살렘의 특징입니다.

열방의 입술을 깨끗케 하시다

9절을 보십시오. "그때에 내가 열방의 입술을 깨끗케 하여 그들로 다 나 여호와의 이름을 부르며 일심으로 섬기게 하리니."

여기에서 "그때"란 예루살렘이 멸망할 때입니다. 예루살렘이 망한다는 것은 이 세상에 존재하는 유일한 성전이 사라진다는 뜻입니다. 그러면 하나님의 백성도 사라지고 예배도 사라지는 것입니다. 그러나 하나님은 눈에 보이는 멋진 성전이나 질서정연하게 도열한 제사장들, 그리고 유다 백성들 대신 하나님의 존전에 어울리지 않는 이방인들의 입술을 깨끗케 해서 하나님의 이름을 부르게 하겠다고 말씀하십니다.

예를 들어 어느 나라에 실력이 뛰어난 왕실악단이 있다고 합시다. 그 악단은 그 나라 유일의 악단이요 최고의 실력자들만 모인 악단이었습니다. 그런데 그 단원들이 너무 교만해진 나머지 음악은 연주할 생각을 하지 않고 특권이나 누리고 돈이나 벌려고 하면서 온갖 추문을 일으키자, 왕은 악단을 해체하고 아무 자격 없는 떠돌이 음악가들을 모아 새 악단을 만들었습니다. 그들은 귀족도 아니었고 왕실 분위기에 어울리는 사람들도 아니었습니다. 그런데 왕이 왜 그런 사람들에게 새 옷을 입히고 귀족의 자격을 주어서 새 악단을 만들었을까요? 참으로 감동을 주는 음악, 눈물이 있는 음악을 원했기 때문입니다. 음악적으로 오류가 없는 완벽한 연주보다는 중간에 좀 틀린 부분이 있고 실수가 있더라도 감사와 기쁨이 있는 연주를 원했기 때문입니다.

예루살렘 성전에서는 날마다 최고의 예배가 드려지고 있었습니다. 절차나 찬양이나 제물이나 모든 부분에서 최고의 수준을 자랑했습니다. 그러나 하나님이 원하신 것은 그런 완벽한 예배가 아니었습니다. 하나님은 눈물이 있고 감사가 있는 예배, 숨이 통하는 예배를 원하셨습니다. 그래서 세계 유일의 예루살렘 성전을 폐허로 만드시고 정통신학으로 무장한 제사장들을 내쫓으신 후에 불과 얼마 전까지만 해도 우상을 섬기던 이방인들의 입술을 깨끗케 해서 하나님을 섬기게 하겠다고 말씀하신 것입니다.

"입술을 깨끗케 하여"라는 것이 무슨 뜻입니까? 그동안 이방인들은 입만 열면 더러운 말을 쏟아 냈습니다. 요즘 학생들을 보면 깜짝 놀랄 정도로 욕을 많이 하는데, 그 이유가 무엇일까요? 그 속에 하나님의 은혜가 없기 때문입니다. 은혜를 받지 못했는데도 자발적으로 하나님을 찬송하고 예배드릴 사람은 아무도 없습니다. 그런데 이제는 그런 사람들에게 은혜를 주셔서 찬송하고 예배드리게 하시겠다는 것입니다.

만약 마음속에 기도하고 싶은 마음이 생겼다면 이미 하나님의 은혜가 임한 것입니다. 은혜가 임하지도 않았는데 기도하고 싶어 할 사람은 아무도 없습니다. 그저 어떻게 하면 죄지을까만 생각할 뿐입니다. 심지어 아기들도 은혜가 임하지 않으면 옆에 있는 아기들을 막 물어뜯습니다. 그러니까 '교회에 가고 싶다', '예배드리고 싶다'는 마음이 생겼다면 그 자체가 이미 은혜가 임한 것이며 입술이 깨끗케 된 것입니다.

이방인들을 제사장으로 세울 때 겉보기에는 예배 분위기가 망쳐진 것처럼 보일 수 있습니다. 그들은 예배 절차도 모르고 율법의 법도도 잘 모르기 때문입니다. 때로는 유대인들이 기절할 정도로 이방적인 방식으로 하나님을 섬기려 들지도 모릅니다. 그런데도 하나님이 예루살렘의 정규 제사장들과 백성들을 폐하시고 이방인들을 택하시는 것은 실수가 좀 있더라도 감격과 감사가 살아 있는 눈물의 제사를 원하시기 때문입니다.

하나님은 "그들로 다 나 여호와의 이름을 부르며 일심으로 섬기게 하리니"라고 말씀하십니다. 이방인들은 적어도 위선적인 예배는 드리지 않을 것입니다. 예배드리기 싫어서 빼먹으면 빼먹을지언정 악한 마음으로 예배드리지는 않을 것입니다.

오래 믿은 사람과 갓 믿은 사람의 차이가 여기 있습니다. 갓 믿은 사람은 마음이 불편하면 예배를 빼먹습니다. 무언가 좋지 않은 일이 있으면 금방 얼굴에 드러내요. 그러나 오래 믿은 사람은 거의 내색을 하지 않습니다. 마음속은 사람을 죽이고 싶을 정도로 미움과 분노로 가득 차 있어도 입으로는 사랑한다고 말하고, 찬송도 음정 박자 완벽하게 부르며, 기도도 유창하게 합니다. 하나님은 이러한 유다 백성들의 위선적인 모습에 신물이 날 정도로 질리셨습니다. 그래서 아무것도 모르는 이방인들에게 자격을 주셔서 예배드리게 하시는 것입니다.

오늘 여러분은 어떤 마음으로 예배드리러 왔습니까? 속상한 일도 있고 마음도 준비되지 않아서 올까 말까 망설이다가 오기로 결심했다면 잘한 것입니다. 하나님은 그런 자세를 기뻐하십니다. 가끔 찬송 부를 때 가사를 생각하지 않고 입으로만 부르는 분들이 있습니다. 입으로는 찬송을 부르지만 마음속은 다른 사람이나 다른 일에 대한 생각으로 꽉 차 있는 것입니다. 그래도 음정 박자는 정확히 맞습니다. 그러나 하나님께는 그것이 전혀 중요치 않습니다. 하나님은 음정 박자 다 틀려도 하나님을 사랑하고 하나님께 감사하는 마음으로 찬송하기를 원하시며, 마음이 상했으면 상한 대로, 실패했으면 실패한 대로 나오기를 원하십니다.

흩은 자의 딸들이 돌아오리라

몇 년 전에 대단한 미인이 한국을 방문한 적이 있습니다. 그 여성은 미스 유니버스로서, 하와이 사탕수수밭으로 일하러 간 한국인의 손녀였습니다. 그런데 그 여성의 몸속에는 한국인의 핏줄만 있는 것이 아니라 중국인과 인디언의 핏줄도 섞여 있었기 때문에 순전한 한국인이라고 할 수 없었습니다. 그럼에도 '한국은 할아버지의 나라'라는 인식이 있었기에 한국을 방문한 것입니다.

이스라엘 백성들 가운데 가장 불쌍한 사람은 먼 외국 땅에 노예로 팔려 간 여자들과 그 자녀들이었습니다. 그 자녀들은 이방인과 혼혈이 되어서 순전한 이스라엘 백성이라고 할 수 없었습니다. 그들은 히브리어도 모르고 율법도 몰랐습니다. 그저 머릿속에 '우리 몇 대 선조가 이스라엘의 노예로 여기까지 팔려 왔다'는 희미한 기억만 남아 있었을 뿐입니다. 그런데 하나님은 그런 사람들이 예물을 들고 찾아올 것이라고 말씀하십니다. "내게 구하는 백성들 곧 내가 흩은 자의 딸이 구스 하수 건너편에서부터 예물을 가지고 와서 내게 드릴지라"(3:10).

정상적으로 볼 때, 이들은 성전에 나아올 수 없는 사람들입니다. 율법은 혼혈아와 사생아가 성전에 출입하는 것을 엄격하게 금하고 있기 때문입니다. 모세의 율법에는 사생아 출신인 모압과 암몬 자손은 영원히 성전에 들어올 수 없다는 규정이 있습니다. 그런데 일찍이 노예로 팔려 가서 이방인과 섞인 자들의 후손이 어떻게 하나님께 예배드릴 수 있습니까?

그들이 예배드릴 수 있는 것은 하나님의 성전이 변했기 때문입니다. 예전의 성전이라면 감히 예배드릴 수 없을 것입니다. 그러나 눈에 보이는 예전의 성전은 없어져 버렸습니다. 그러면 어디가 성전입니까? 여호와의 이름을 부르는 사람들이 모인 곳이 전부 성전입니다. 거기 가 보면 전부 자기 같은 혼혈아와 사생아들 천지입니다. 그러니 들어가지 못할 이유가 뭐가 있겠습니까?

이제 가시적인 성전이 없어졌기 때문에 아무도 거절당할 염려를 할 필요가 없습니다. 무당의 자녀, 점쟁이의 자녀라도 얼마든지 예배드릴 수 있습니다. 하나님은 두 팔을 벌리고 환영하십니다. "잘 왔다, 내 딸아! 그동안 얼마나 고생이 많았느냐?", "잘 왔다, 내 아들아! 여기 오기까지 얼마나 많이 고민했느냐? 이제는 아무도 너를 두렵게 할 자가 없다. 이 세상에서 쫓기고 방황하게 될까 봐, 다른 사람들에게 공격당하고 경쟁에서 도태될까 봐 겁낼 것 없다. 여기에는 경쟁도 없고 너를 해칠 사람도 없다. 이제 안심하거라" 하면서 환영하십니다.

과거에 응어리진 것, 실패한 것, 사람들에게 괄시받았던 것, 방황했던 것, 전부 여기에 와서 푸십시오. 하나님은 절대 거절하거나 쫓아내지 않으십니다. 구석 땅에서 수백 년간 한 맺힌 어머니의 자손들이 와서 드리는 예물을 기쁘게 받으시며 사랑해 주십니다.

원래 하나님은 성전을 조립식으로 만들어서 들고 다닐 수 있게 하셨습니다. 성전은 한 곳에 지리적으로 제한되지 않았습니다. 하나님의 백성이 가는 곳에는 어디나 성전이 세워졌습니다. 이처럼 성전은 고정된 것이 아니라 움직이는 것입니다. 성전은 그리스도인들이 모인 직장에도 세워질 수 있고, 이사 간 곳에도 세워질 수 있으며, 일시적으로 소풍 간 곳에도 세워질 수 있습니다.

그런데 요즘 교회가 다시 장소 중심으로 고착화되려는 경향이 있습니다. 많은 돈을 들여서 크고 좋은 건물을 지어 놓고 아무나 들어오지 못하게 막는 것입니다. 그러나 원래 성전은 그렇게 물리적으로 제한된 장소가 아닙니다.

그러므로 각 가정에서 기도모임이나 성경공부 모임을 많이 가지면 가질수록 좋습니다. 그런 일을 위해 집을 개방하는 사람은 청소라도 한 번 더 해야 하고 차라도 끓여 내야 하니까 아무래도 수고가 따를 것입니다. 그러나 집은 그런 일에 쓰라고 주신 것입니다.

하나님이 눈에 보이는 예루살렘 성전을 파괴하신 것은 광야 시절처럼 하나님의 백성들이 모인 곳은 어디나 성전이 되게 하시기 위해서였습니다.

교만한 자가 없다

하나님은 이방에 포로 되어 갔던 자들의 후손들이 부끄러워하지 않아도 되는 것은 이제 하나님의 백성 중에 교만한 자가 아무도 없기 때문이라고 말씀하십니다. "그날에 네가 내게 범죄한 모든 행위를 인하여 수치를 당하지 아니할 것은 그때에 내가 너의 중에서 교만하여 자랑하는 자를 제하여 너로 나의 성산에서 다시는 교만하지 않게 할 것임이니라"(3:11).

여기에서 "너의 중에서"란 누구를 가리키는 말입니까? 이것은 모든 하나님의 백성을 총칭하는 말입니다. 이제는 하나님의 백성 중에 교만하거나 자기를 자랑하는 자가 아무도 없다는 것입니다. 하나님 앞에서 자기의 부족함과 연약함을 깨닫고 다른 사람들을 사랑하며 용납하는 변화된 사람들이 하나님의 백성이 되기 때문에 아무도 수치를 당할까 봐 두려워할 필요가 없다는 것입니다. 예루살렘도 원래 그런 곳이 되어야 했습니다. 그런데 하나님 앞에 자꾸 교만하고 자랑하니까 철저하게 진멸하시고, 노예로 잡혀 갔던 사람들을 새로이 하나님의 백성으로 삼으시는 것입니다.

유다 백성들은 가난을 죄로 생각했습니다. '내가 부자인 것은 율법을 잘 지켜서 복을 받은 덕분이고, 저 사람들이 가난한 것은 불순종해서 벌을 받은 탓이다'라고 생각했습니다. 그들은 도덕적으로 타락한 사람만 죄인으로 여긴 것이 아니라, 자기들의 기준에 못 미치는 사람은 전부 죄인으로 여겼습니다. 그러니까 가난한 사람도 죄인이고, 장애인도 죄인이고, 실업자도 죄인이고, 재수생도 죄인인 것입니다.

하나님은 그 교만한 자들을 전부 내쫓으시고 가난한 사람과 장애인과 실업자와 재수생의 하나님이 되셨습니다. 그렇기 때문에 이제는 아무도 서로를 겁낼 필요가 없습니다. 전부 다 그렇고 그런 사람들인데 무엇을 자랑하겠으며 무엇을 겁내겠습니까?

지난번에 인도에 관한 재미있는 이야기를 들었습니다. 어떤 사람이 인도에 갔다가 구걸하는 사람이 있어 돈을 주었더니 고맙다는 말을 하지 않더라는 것입니다. 그래서 왜 고맙다는 말도 하지 않느냐고 했더니 "내가 왜 고맙다는 말을 해야 하느냐? 내가 당신의 돈을 받아 줌으로써 선을 베풀 기회를 제공했으니 오히려 당신이 나에게 고마워해야 하는 것 아니냐?"고 대꾸했다고 합니다. 교회도 마찬가지입니다. 우리는 우리의 도움을 받아 줄 사람이 있다는 사실을 고맙게 여겨야 합니다.

교회 안에 있는 가난한 자들과 장애인들과 약한 자들이 잘 지내야 부자와 건강한 자들과 강한 자들이 복을 받습니다. 어려운 사람들의 존재를 싫어하고 귀찮게 여기는 공동체는 대단히 위험한 상태에 있는 것입니다. 교회에서 이런 약한 사람들이 점점 사라진다면 바짝 긴장해야 합니다. 교회에 전부 돈 많고 학벌 높은 사람만 남는다면 재빨리 보따리 쌀 준비를 해야 해요. 하나님은 부자와 가난한 사람이 함께 어울리는 것을 좋아하십니다. 박사와 초등학교 졸업한 사람이 같이 지내는 것을 좋아하십니다. 그러니까 많이 배우고 많이 가진 사람들이 교만해지는 것 같을 때에는 못 배우고 가진 것 없는 사람들이 가끔씩 "자꾸 그러면 확 교회 안 나와 버린다!" 하면서 큰소리를 쳐야 합니다. 부자와 건강한 사람과 강한 사람이 살아남으려면 그렇지 못한 사람들 앞에서 살살 기어다녀야 합니다.

하나님 나라는 가진 것 없고 아프고 못 배운 사람들이 큰소리치는 나라입니다. 교회에서는 그런 사람들이 기죽을 필요가 전혀 없습니다. 외적인 조건이 어떻든지 간에 전부 똑같은 형제요 자매이기 때문입니다. 좀 모자란 사람은 하나님이 얼마든지 고쳐서 사용하실 수 있습니다. 하나님은 모자라고 부족하다고 해서 책망하시지 않습니다. 자신의 한계를 모르고 한없이 높아지려고 하는 자들을 책망하십니다.

그러므로 우리는 어떻게 해서든지 마음이 가난한 사람들과 함께 있기를 힘써야 합니다. 부자들이나 잘난 사람들의 모임에 한번 가 보십시오. 웬만해서는 명함도 내놓지 못합니다. 말 잘하고 똑똑한 사람들이 얼마나 많은지 '나도 한번 말해 봐야지' 하고 머릿속으로 정리하는 사이에 화제가 벌써 저만치 앞서가 있습니다. 그러나 부족한 사람들끼리 모이면 얼마나 마음이 편한지 모릅니다. 거기에서는 무슨 말을 할까 긴장할 필요가 없습니다. 시시한 소리를 해도 전부 박수 치면서 좋아해 줍니다. 그런 곳에서 치료가 일어나고 놀라운 역사가 일어납니다. 이것이 하나님 나라의 원리입니다.

이스라엘의 남은 자

결국 끝까지 하나님의 백성으로 남는 자들은 어떤 자들입니까? "내가 곤고하고 가난한 백성을 너의 중에 남겨 두리니 그들이 여호와의 이름을 의탁하여 보호를 받을지라. 이스라엘의 남은 자는 악을 행치 아니하며 거짓을 말하지 아니하며 입에 궤휼한 혀가 없으며 먹으며 누우나 놀라게 할 자가 없으리라"(3:12-13).

하나님은 곤고하고 가난한 자들을 남기실 것입니다. 그들이 먹을 때나 누울 때 놀라게 할 자가 아무도 없을 것입니다. 이 말씀을 보면 목자의 보호 아래 평안히 풀을 뜯고 있는 양 떼의 이미지가 떠오릅니다. 사람이 다니지 않는 한적한 들판에 배 깔고 엎드려 있는 양들은 놀랄 일이 없습니다. 말 타고 달리는 사람도 없고 자동차 경적을 울려 대는 사람도 없으니까 먹고 싶을 때 먹고 자고 싶을 때 자면 그만입니다.

그들이 이렇게 편안히 지낼 수 있는 것은 그들을 보호하는 목자가 계시기 때문이며, 그 목자를 철저히 믿기 때문입니다. 그동안 이스라엘 백성들이 편안하지 못했던 것은 목자를 믿지 못한 탓입니다. 그래서 자신들이 직접 목자 노릇을 하려 드니까 너무 머리가 복잡하고 골치가 아팠습니다. 그리고 예루살렘은 경쟁적인 도시가 되어 버렸습니다. 그러나 바벨론 포로로 잡혀간 후에는 머리 쓸 일도 없고 경쟁할 일도 없었습니다. 포로들끼리 경쟁할 게 뭐가 있겠습니까? 그러니까 다시 형제의 사랑을 느끼는 것입니다.

이와 비슷한 곳이 군대입니다. 사병으로 입대하면 자기가 골치 아프게 신경 쓸 일이 없습니다. 가만히 있어도 머리 깎아 주지요, 옷 주지요, 밥 주지요, 훈련시켜 주지요, 기합 주지요, 정해진 일 정표대로 모든 일이 착착 진행됩니다. "그래도 국방부 시계는 돈다"라고 되뇌이면서 건강하고 성실하게 주어진 일만 잘하면 됩니다. 다른 사병들과 경쟁할 필요도 없습니다. 사이좋게 지내다가 제대하면 그만입니다.

이스라엘의 남은 자가 악을 행치 않는 것은 그들이 정말 거룩해졌기 때문이 아니라 악을 행할 여지가 없어졌기 때문이고, 거짓말하지 않는 것도 거짓말할 일이 없어졌기 때문입니다. 바벨론의 포로들이 거짓말을 하면서까지 할 일이 뭐가 있겠습니까?

이것이 하나님께서 자기 백성들을 정결케 하시는 방법입니다. 하나님의 연단이 시작되면 할 일이 별로 없습니다. 처음에는 아침에 눈을 떴는데도 할 일이 없다는 것이 얼마나 죽을 노릇인지 모릅니다. 사실 그동안 얼마나 경쟁적으로 바쁘게 살아왔습니까? 그런데 연단의 기간이 시작되면 할 일도 없고 머리 쓸 일도 없고 친구 만날 일도 없습니다. 매일 성경 읽으면서 우는 일이 전부입니다. 그러면서 점점 하나님 백성의 체질을 익히게 되는 것입니다.

하나님의 백성들은 자기 힘으로 살려고 애쓰지 않습니다. 목자가 양을 끌고 다녀야지 양이 목자 끌고 다니는 것 봤습니까? 우리는 몸에서 힘을 좀 뺄 필요가 있습니다. 긴장을 풀고 목사에게 전부 맡겨야 합니다. 그런다고 해서 절대 죽지 않습니다. 하나님이 뒤에서 얼마나 든든하게 받쳐 주시는지 모릅니다. 어떤 상황에서도 하나님이 나에 대해 선한 계획을 가지고 계심을 믿으십시오. 하나님은 우리 아버지십니다. 하나님은 약한 자들의 목자, 양들의 목자가 되기를 원하시지 늑대들의 목자가 되기를 원치 않으십니다. 목자보다 똑똑해서 그 누구의 말도 들으려 하지 않는 사람은 보호해 주시지 않을 것입니다.

오늘 본문이 우리에게 말씀하는 바가 무엇입니까? 하나님은 어딘가 좀 허술하고 진행이 미숙하다 해도 진심으로 드리는 예배를 기뻐하신다는 것입니다. 마음이 상했으면 상한 대로, 화가 났으면 화난 대로 나와서 "하나님, 저 미치겠어요!" 하면서 진심을 토해 놓는 예배, 위선의 탈을 벗고 있는 모습 그대로 드리는 예배를 기뻐하신다는 것입니다. 하나님은 이 성전에서 아무도 쫓아내지 않을 것을 약속하십니다. 여기에 응답이 있고 축복이 있고 길이 있습니다.

하나님 앞에 나아온 이상, 이제는 아무도 두려워할 필요가 없습니다. 가난한 분들은 '나 때문에 우리 교인들이 잘사는구나' 생각하고 당당하게 다니십시오. 장애가 있는 분들도 '나 때문에 건강한 사람들이 잘산다'고 생각하고, 못 배운 분들도 '나 때문에 박사님들이 잘된다'고 생각하며 당당하게 다니십시오. 어떤 사람 앞에서도 꿀릴 필요가 없습니다.

하나님을 만났다면 더 이상 내 힘으로 살기 위해 애쓰지 마십시오. 그럴수록 살기가 점점 힘들어집니다. 어깨에 힘을 빼고 탁 맡기십시오. 내일 일을 염려하지 마십시오. 그러면 내일은 또 내일대로 놀랍게 도와주실 것입니다.

부자나 가난한 자나, 많이 배운 자나 못 배운 자나, 건강한 자나 아픈 자나 한 형제와 자매가 되어 진심으로 하나님 앞에 나아갈 때, 주님이 친히 우리의 목자가 되시고 왕이 되시며 보호자가 되셔서 우리 모두를 은혜의 자리로 인도해 주실 것입니다.

8

———

이스라엘 가운데 거하시는 하나님

스바냐 3:14-20

^{3:14} 시온의 딸아, 노래할지어다! 이스라엘아, 기쁘게 부를지어다! 예루살렘 딸아,
전심으로 기뻐하며 즐거워할지어다!

¹⁵ 여호와가 너의 형벌을 제하였고 너의 원수를 쫓아내었으며 이스라엘 왕 여호와가
너의 중에 있으니 네가 다시는 화를 당할까 두려워하지 아니할 것이라.

¹⁶ 그날에 사람이 예루살렘에게 이르기를 "두려워하지 말라. 시온아, 네 손을
늘어뜨리지 말라.

¹⁷ 너의 하나님 여호와가 너의 가운데 계시니 그는 구원을 베푸실 전능자시라. 그가
너로 인하여 기쁨을 이기지 못하여 하시며 너를 잠잠히 사랑하시며 너로 인하여
즐거이 부르며 기뻐하시리라" 하리라.

¹⁸ "내가 대회로 인하여 근심하는 자를 모으리니 그들은 네게 속한 자라. 너의 치욕이
그들에게 무거운 짐이 되었느니라.

¹⁹ 그때에 내가 너를 괴롭게 하는 자를 다 벌하고 저는 자를 구원하며 쫓겨난 자를
모으며 온 세상에서 수욕받는 자로 칭찬과 명성을 얻게 하리라.

²⁰ 내가 그때에 너희를 이끌고 그때에 너희를 모을지라. 내가 너희 목전에서 너희
사로잡힘을 돌이킬 때에 너희로 천하 만민 중에서 명성과 칭찬을 얻게 하리라.
나 여호와의 말이니라."

3:14-20

가끔 재래시장에 가 보면 불법으로 장사하는 사람들을 볼 수 있습니다. 그들은 한편으로는 장사를 하면서 다른 한편으로는 경찰이나 구청 단속반에 신경을 써야 합니다. 단속반에 걸리면 팔던 물건과 수레를 전부 빼앗겨야 하기 때문입니다. 그래서 누군가 "단속반이다!"라고 소리치면 얼른 장사를 중단하고 물건을 챙겨서 도망쳐야 합니다.

죄를 지은 사람도 감옥에서 그 형기를 마칠 때까지는 기본권을 보장받을 수 없습니다. 아무 예고 없이 경찰이 들이닥쳐서 영장을 보이고 가족에게서 그를 떼어내 감옥에 집어넣습니다. 그는 거기에서 사랑하는 사람들을 만나지 못한 채 자신의 의사와 상관없이 일정 기간을 보내야만 합니다. 죄를 지었기 때문에 기본권을 제한당하는 것입니다.

예루살렘이 멸망함으로써 유다 백성들은 모든 기본권을 빼앗기고 말았습니다. 그들은 이 세상 어디엔가 몸뚱이를 두고 살기는 하지만 내일을 기약할 수 없는 처지였습니다. 그들은 노예였고 난민이었기 때문에 언제 누가 들이닥쳐서 물건이나 재산을 빼앗아 가고 살고 있는 곳에서 내쫓아 버릴지 알 수 없는 불안한 생활을 해야 했습니다.

그런데 오늘 선지자는 멸망의 소식과 함께 기쁜 소식을 전해 주고 있습니다. 그것은 예루살렘이 멸망하는 때가 곧 하나님과 모든 관계가 끝나는 시점은 아니라는 것입니다. 멸망은 단지 기본권을 제한당하는 사건으로서, 하나님이 정하신 때가 이르면 그들을 괴롭힌 자들을 전부 내쫓고 그들 가운데 거하시면서 잃었던 기본권을 회복시켜 주실 것입니다. 유다의 주권이 회복되고 하나님이 다시 그들의 삶을 기쁜 마음으로 조용히 지켜보시는 행복한 때가 도래할 것입니다.

예루살렘이 받은 형벌

우리는 아주 기쁜 소식을 전할 때, 몇 번씩 "너 정말 좋겠다!" 하면서 뜸을 들인 후에 그 소식을 전합니다. 오늘 본문도 무려 세 번씩이나 기뻐하라고 말하면서 그 소식을 전해 주고 있습니다. "시온의 딸아, 노래할지어다! 이스라엘아, 기쁘게 부를지어다! 예루살렘 딸아, 전심으로 기뻐하며 즐거워할지어다!"(3:14)

그 당시 세계에는 많은 난민들이 있었습니다. 그들은 모두 나라를 잃은 자들이었고 생활의 기본권을 보장받지 못하는 자들이었습니다. 그런데 오늘 성경은 그 많은 난민 중에서도 유독 예루살렘에서 탈출한 난민들에게 기뻐하라고 말씀하고 있습니다. 그 이유가 무엇입니까? 그 많은 나라 중에 오직 유다만 다시 주권을 회복하고 하나님의 사랑과 축복을 받게 될 것이기 때문입니다.

겉보기에는 전부 똑같은 난민들입니다. 그러나 예루살렘 출신 난민들은 다른 난민들과 달리 기뻐할 이유가 생겼습니다. 자신들의 조국이 다시 주권을 회복해서 되돌아갈 수 있다는 소식을 들은 것입니다. 이보다 기쁜 일이 어디 있겠습니까?

그런데 선지자는 이 주권의 회복을 정치적으로 해석하지 않고 신앙적으로 해석하고 있습니다. "여호와가 너의 형벌을 제하였고 너의 원수를 쫓아내었으며 이스라엘 왕 여호와가 너의 중에 있으니 네가 다시는 화를 당할까 두려워하지 아니할 것이라"(3:15).

많은 사람들은 하나님께 능력이 없어서 유다와 이스라엘이 망했다고 생각했습니다. 그런데 선지자는 하나님께 능력이 없어서 망한 것이 아니라 그들이 죄를 지어서 형벌을 받은 것이며, 그 형벌을 받는 동안에는 계속 떠돌이 생활을 해야 한다고 말합니다. 그러나 그 기간이 끝나고 나면 다른 족속들과 달리 시민권을 되찾고 하나님께 돌아올 것입니다.

믿는 사람도 세상에 살면서 믿지 않는 사람들과 똑같이 고통을 받습니다. 그러나 그 고통의 성격은 같지 않습니다. 믿지 않는 사람은 그냥 고통받는 것이지만 하나님의 백성은 연단받는 것이며, 그 연단의 기간이 끝나면 지위도 회복되고 새로운 축복까지 얻게 됩니다.

하나님의 백성들에게 가장 큰 형벌은 하나님이 그들을 버리고 함께하지 않으시는 것입니다. 말씀도 주지 않으시고 기도해도 응답지 않으시는 것입니다. 그러면 60평 고급 아파트에서 살아도 감옥에 갇힌 것이나 다름없으며, 좋은 학교에 다녀도 감옥에 갇힌 것이나 다름없습니다.

유다 백성들이 말씀에 순종할 때, 하나님은 그들을 세상에 뿌리내리게 하셨고 아무도 그들을 뽑아낼 수 없었습니다. 그런데 그들이 순종하지 않자, 하나님은 그들을 뿌리째 뽑아 온 세상에 흩어 버리셨습니다. 그들은 한순간에 어디에 발을 붙이고 살아야 할지 모를 처지가 되어 버렸습니다.

우리도 세상에서 발붙이고 살 곳이 없는 것처럼 보일 때가 있지 않습니까? 집세는 오르고 사람들은 전부 먹고살기 위해 경쟁적으로 뛰어다니는데 나는 그렇게 뛰어다닐 재주조차 없을 때, 대학이나 직장의 문턱이 너무 높아 넘지 못할 것 같을 때, '내 힘으로는 도저히 살 자신이 없다'는 생각이 절로 들게 마련입니다. 그런데 우리가 이런 세상에서 뿌리내리고 살 방법이 한 가지 있습니다. 그것은 하나님을 나의 하나님으로 모시는 것이며, 내 모든 일의 주인으로 모시는 것입니다. 그러면 아무도 나를 세상에서 쫓아내지 못합니다. 반면에, 세상 사람들의 경쟁적인 모습만 보고 믿음을 저버린 채 그 대열에 뛰어들면 뿌리째 뽑혀서 패대기쳐진 채 "형벌의 기간이 끝날 때까지 거기 있어라"라는 말씀을 듣게 될 것입니다.

그리스도인들은 이 역설에 익숙해져야 합니다. 세상에서 잘살아 보려고 애를 쓰면 밑동부터 흔들리기 시작합니다. 그런데 '에라, 모르겠다. 믿음생활이나 제대로 하고 이 일은 내가 할 수 있는 데까지만 해야겠다'라고 생각하면 이상하게 길이 열리는 것을 볼 수 있습니다. 시편 1편은 이런 사람을 "시냇가에 심은 나무"에 비유하고 있습니다. 수백 년 된 나무들을 보면 꼭 시냇가에 뿌리내리고 있는 것을 알게 됩니다. 경기도 용문산의 1,000년 된 은행나무도 시냇가에 있고, 김천 삼도봉에 있는 500년 넘은 전나무도 시냇가에 있습니다. 아무리 가물어도 물이 흐르는 곳에 뿌리를 내리고 있기 때문에 버틸 수 있는 것입니다.

신앙만으로는 도저히 버틸 수 없을 것처럼 보이는 시기가 있습니다. 그러나 하나님만 내 하나님으로 모시고 있으면, 겉보기에는 줄기가 흔들흔들하는 것 같아도 뿌리가 물에 닿아 있기 때문에 살아남을 수 있습니다. 그것도 그냥 살아남는 것이 아니라 아주 잘 살아남을 수 있습니다.

"이스라엘 왕 여호와가 너의 중에 있으니"라는 것은 아무리 유다 백성이 노예로 잡혀 가서 기본권을 잃고 흩어져도 하나님의 통치에는 변함이 없다는 뜻입니다. 하나님은 그들이 어디로 흩어져서 어떤 처지로 살고 있는지 전부 파악하고 계십니다. 유다 백성들은 하나님이 자신들을 버리셨다고 생각했지만, 그것은 버리신 것이 아니라 형기를 채우게 하시는 것이었습니다.

신약 시대에는 형벌의 기간이 아닌 연단의 기간이 있습니다. 연단의 기간은 1초도 불필요하게 연장되지 않으며, 정해진 시간에 정확히 끝납니다. 그렇게 연단이 끝나면 깜짝 놀랄 정도로 급속하게 모든 상황이 회복되는 것을 볼 수 있습니다.

구약 연구자들의 난제는 하나님이 이처럼 이스라엘의 회복을 말씀하셨는데, 왜 국가로서 이스라엘과 유다는 회복되지 않고 교회로 그 축복이 넘어갔느냐 하는 점입니다. 실제로 유다 백성들이 바벨론으로 돌아온 후 일시적으로 나라를 형성한 듯한 시기가 있었습니다. 그러나 그 나라는 그리 오래가지 못했습니다. 유다 백성들은 분명히 독립국가로서 이스라엘의 회복을 기대했을 것입니다. 그런데 신약성경을 보면 하나님 나라의 약속이 교회로 옮겨진 것을 알게 됩니다. 물론 20세기에 이스라엘 재건운동이 일어나서 독립국이 되기는 했지만, 그것을 예언의 성취로 보기는 어렵습니다.

하나님이 이스라엘의 회복을 말씀하셨으면 당연히 그 나라가 회복되어야 하지 않습니까? 왜 그 약속이 교회로 넘어가 버렸습니까?

이 문제는 언약을 중심으로 풀어야 합니다. 하나님이 이스라엘 백성들을 택하신 것은 모세의 언약 때문이었습니다. 그리고 모세 언약의 기초는 가나안 땅이었습니다. 그러니까 그들이 가나안 땅에서 쫓겨났을 때 그 언약은 이미 깨진 것입니다. 이스라엘 백성들이 다시 하나님의 백성이 되려면 새로이 언약을 세워야 했습니다. 그 언약을 누가 세우셨습니까? 예수 그리스도십니다. 그는 땅을 보증으로 삼는 것이 아니라 성령을 보증으로 삼는 더 완전한 언약을 세우셨습니다.

땅을 중심으로 생각하면 이스라엘은 마땅히 정치적으로 회복되어야 합니다. 그러나 성경은 땅을 약속하지 않습니다. 단지 하나님이 그들과 함께하시며 그들 가운데 거하실 것을 약속합니다. 즉, 모세의 언약보다 더 높은 언약 관계 안으로 이스라엘을 초청하신 것입니다. 하나님은 그들 가운데 계시면서 그들의 기본권을 보장해 주실 것입니다. 그러나 그 일은 가나안이라는 땅에 정치적으로 제약되지 않을 것이며 이스라엘이라는 혈통에도 매이지 않을 것입니다.

하나님은 어떻게 우리 가운데 거하시는가?

"이스라엘 왕 여호와가 너의 중에 있으니"라는 것은 이스라엘의 주권이 회복된다는 뜻입니다. 눈에 보이는 나라 이스라엘이 사라져 버렸는데, 어떻게 하나님 나라나 하나님 백성이 있을 수 있으며 하나님이 그들 가운데 거하실 수 있습니까? 이것은 성령의 역사 없이는 불가능한 일입니다.

전에는 은행에서 수기통장을 사용했습니다. 그래서 반드시 자기가 저금한 은행에 가서 그 은행에 비치된 자신의 카드에 기록하고 도장을 찍어야 돈을 찾을 수 있었습니다. 그러나 지금은 온라인 시대이기 때문에 다른 지점뿐 아니라 다른 은행을 통해서도 거래할 수 있습니다. 아마 그 옛날에 누군가 "앞으로는 아무 은행에서나 돈을 찾을 수 있다"고 말했다면 다들 꿈 같은 소리라고 했을 것입니다.

구약 시대 사람들은 하나님 나라를 이런 수기통장처럼 생각했습니다. 가나안 땅에 다시 모여서 성전을 짓고 통치자를 세워야 하나님 나라가 회복된다고 생각한 것입니다. 그러나 앞으로 도래할 나라는 일종의 온라인 나라입니다. 어디서나 하나님의 통치를 받을 수 있고 하나님의 보호를 받을 수 있습니다. 그 백성이 어디 있든지 성령께서 연결되어 하나님의 뜻을 가르쳐 주시고 생명을 공급해 주시고 인도해 주십니다. 다시 회복되는 나라는 이처럼 지역 중심의 나라가 아니라 성령 중심의 나라입니다.

16절을 보십시오. "그날에 사람이 예루살렘에게 이르기를 '두려워하지 말라. 시온아, 네 손을 늘어뜨리지 말라.'"

손을 늘어뜨리는 것은 낙심해서 자포자기하는 모습입니다. 그런데 세상 모든 사람이 하나님의 백성들에게 두려워하지 말고 낙심하지 말라고 말하는 이유가 무엇입니까?

우리는 자신의 가치를 잘 모릅니다. 외적인 것으로만 평가할 때 우리는 세상 사람들보다 나을 것이 없으며 오히려 그들보다 잘 적응하지 못하는 것 같습니다. 그런데 세상 사람들이 우리에게서 발견하는 것이 무엇입니까? 무언가 말할 수 없는 신선함과 생명력입니다. 세상이 돈은 많지만 중병에 걸린 노인과 같다면, 믿는 자들은 젊고 힘이 넘치는 소년과 같습니다. 그 노인이 하는 말이 무엇입니까? "얘야, 무서워하지 마라. 팔을 늘어뜨리지 마라. 너에게는 생명력이 있지 않니? 힘이 있지 않니? 돈 많은 나보다 생명력 있는 네가 훨씬 더 강하다"라는 것입니다.

하나님 백성의 권세는 정치적인 권력이나 재력에 있지 않습니다. 모두가 부패하는 세상에서 신선함을 지키는 데 있습니다. 사람들은 군대에 가면서 "푹푹 썩으러 간다"는 말을 자주 합니다. 세상 사람들이 군대에 가거나 병원에 장기 입원하면 말 그대로 푹푹 썩기 쉽습니다. 그러나 그리스도인은 병원에서도 온갖 은혜를 다 체험합니다. 성경도 열 번씩 읽고 기도의 능력도 체험하고 생전 하지 않던 전도 휠체어 타고 돌아다니면서 많이 합니다.

예수님은 제자들에게 "너희는 세상의 소금"이라고 말씀하셨습니다. 소금은 아무 볼품이 없습니다. 요즘처럼 정제되지 않은 소금은 색도 시커멓고 맛도 짜기만 합니다. 그런데 소금에는 부패를 막는 위력이 있습니다. 세상이 아무리 부패하려 해도 제대로 믿는 사람이 섞여 있으면 마음대로 부패할 수가 없습니다. 죄도 서로 의기투합이 되어야 짓는 것이지, 한 사람이 인상 팍 쓰고 앉아 있으면 쉽게 지을 수가 없습니다. 하나님 백성의 힘이 여기 있습니다. 사람들은 자기들과 함께 살면서도 잘 어울리지 않고 이해하기도 힘든 이 사람들에 대해 의문을 품습니다. "저렇게 비사

교적이고 융통성 없는 사람이 어떻게 이 세상에서 살 수 있지?"

그런데 시간이 지나면서 그 소금 같은 사람이 빛으로 변하는 일이 일어납니다. 연단받을 때는 볼품없어 보이던 그 사람을 하나님이 높여서 책임 있는 자리에 앉히실 때, 그 한 사람을 통해 개혁의 신선한 바람이 불기 시작합니다. 그때 사람들은 "저 칙칙하던 사람의 머리에서 어떻게 저런 지혜가 나올까?" 하면서 깜짝 놀라게 됩니다.

17절에는 황금으로 기록해도 부족할 만큼 귀한 말씀이 나오고 있습니다. "'너의 하나님 여호와가 너의 가운데 계시니 그는 구원을 베푸실 전능자시라. 그가 너로 인하여 기쁨을 이기지 못하여 하시며 너를 잠잠히 사랑하시며 너로 인하여 즐거이 부르며 기뻐하시리라' 하리라."

하나님은 전 세계에 흩어진 자들에게 "내가 너의 가운데 있다. 너희는 어느 곳에서나 당당히 기본권을 누리며 살 권리가 있다"고 말씀하십니다. 그 이유가 무엇입니까? 하나님은 구원을 베푸실 전능자시기 때문입니다. 여기에서 "구원"은 영적인 구원만 가리키지 않습니다. 우리가 세상에서 당하는 모든 어려움에서, 기가 막힐 웅덩이에서, 절망에서, 무능에서, 소외에서 능히 건져 내신다는 것입니다. 그 전능자가 우리 가운데 계신다는 것입니다.

신문을 보면 부도를 낸 중소기업 사장이나 성적이 떨어진 것을 비관한 청소년들이 자살했다는 기사가 가끔 실립니다. 그들이 그렇게 목숨을 포기하는 이유가 무엇입니까? 자기에게 더 이상 희망이 없다고 생각하기 때문이며, 세상에 더 이상 발붙이고 살 곳이 없다고 생각하기 때문입니다.

하나님의 백성들도 그런 생각이 들 때가 많이 있습니다. 그러나 하나님은 우리를 모든 어려움에서 건질 수 있는 전능자십니다. 하나님의 손은 사람의 손이 닿지 않는 곳에도 능히 닿습니다. 하나님은 그 어디에서도 우리를 건져 내실 수 있습니다.

내가 믿음을 가지고 있음에도 겪는 어려움은 나의 어려움이 아니라 하나님의 어려움입니다. 여호사밧 왕 시대에 모압과 암몬이 쳐들어왔는데, 유다는 그들을 이길 가능성이 없었습니다. 그때 여호사밧이 말씀을 붙들고 기도하자 하나님이 이렇게 응답하셨습니다. "이 전쟁이 너희에게 속한 것이 아니요 나에게 속한 것이라"(대하 20:15). 이 싸움은 그들 자신만의 생존을 위한 싸움이 될 수도 있었습니다. 그러나 여호사밧이 믿음으로 말씀을 붙들었기 때문에 하나님의 싸움이 되었습니다.

나의 어려움을 하나님의 어려움으로 만들어야 하고 나의 싸움을 하나님의 싸움으로 만들어야 합니다. 어떻게 그렇게 할 수 있습니까? 내 힘으로 해결하려 들면 절대 그렇게 할 수 없습니다. 그 어려움을 통해 내 신앙을 점검해 보고 내 연약함을 깨달아 하나님을 온전히 의지할 때, 죽든지 살든지 하나님께 전적으로 맡길 때, 내 어려움이 하나님의 어려움이 되고 내 싸움이 하나님의 싸움이 되는 것입니다. 나에게 닥친 어려움을 절대 스스로 책임지려 하지 마십시오. 오히려 내 상태를 돌아보고 회개하며 남은 삶을 전적으로 맡길 때, 전능자 하나님이 책임져 주실 것입니다.

"그가 너로 인하여 기쁨을 이기지 못하여 하시며"라는 것은 하나님이 우리를 너무 사랑하셔서 우리의 존재 자체만으로도 기뻐하신다는 뜻입니다. 하나님은 우리가 무슨 일을 해서 기뻐하시는 것이 아닙니다. 우리의 존재 자체만으로 기뻐하십니다. 나이 들어 손주를 본 할아버지 할머니는 손주의 존재 자체만으로 모든 시름을 잊고 기뻐합니다. 하나님도 우리가 많은 일을 해서가 아니라 믿음을 갖고 사는 것 자체만으로 모든 시름을 잊고 기뻐하십니다.

하나님은 그 사랑을 어떻게 표현하십니까? 잠잠히 표현하십니다. 요란하고 떠들썩하게 사랑하시는 것이 아니라 조용히 사랑하십니다. 그 이유가 무엇입니까? 저도 잘 모르겠습니다. 너무 시끄럽게 사랑하면 세상 사람들이 시기할 것 같아서인지, 우리가 너무 교만할 것 같아서인지, 하나님의 성품 자체가 조용해서인지 잘 모르겠습니다. 제 생각에는 하나님이 그 사랑의 강도를 있는 그대로 표현하신다면 우리 모두 감당하지 못하고 미치거나 죽기 때문이 아닐까 합니다. 하나님의 성령이 강하게 부어질 때 사람은 거의 정신을 잃고 쓰러지며 숨도 제대로 쉬지 못합니다. 그와 마찬가지로 하나님의 강력한 사랑을 있는 그대로 쏟아 부으시면 사람이 도저히 감당하지 못할 테니까 조용히 사랑하시는 것이 아닐까요?

그렇다면 어떻게 하시는 것이 조용히 사랑하시는 것입니까? 간접적으로 유추해서 느끼게 하시는 것입니다. 이를테면 성경을 읽다가 큰 깨우침이 있을 때, 너무나 염려하고 걱정하던 일을 내놓고 기도했는데 한순간에 해결될 때, 우리는 "하나님, 저 같은 것이 뭐라고 이 놀라운 사랑을 보여 주십니까?"라고 기도하게 됩니다. 이런 것이 조용히 사랑하시는 것입니다.

하나님께 시끄럽게 사랑해 달라고 구하지 마십시오. 도저히 감당하지 못할 것입니다. 아마 그 사랑을 다 표현하시기도 전에 전부 굴속으로 숨어 버릴 것입니다. 하나님이 시내 산에 임하셨을 때 이스라엘 백성들은 도저히 감당할 수가 없어서 모세를 통해 간접적으로 말씀해 주시기를 구했습니다. 때로 하나님이 성령을 부으시면서 직접 사랑을 표현하실 때가 있는데, 그런 일을 경험한 사람들은 전부 "이제 그만! 그만 부어 주십시오!"라고 소리치곤 했습니다. 우리는 그만큼 연약한 존재입니다. 그래서 우리를 사랑하시는 만큼 다 표현하시지 못하고 잠잠히 사랑하시는 것입니다. 하나님은 우리를 어려움에서 건지실 때에도 뒤에 숨어서 조용히 건지십니다. 도우실 때에도 전면에 나서지 않으시고 이 사람 저 사람을 통해 간접적으로 도우십니다. 그리고 우리가 그런 일을 통해 하나님의 사랑을 깨닫고 감사드릴 때 말할 수 없이 기뻐하십니다.

스바냐는 하나님이 "너로 인하여 즐거이 부르며 기뻐하시리라"고 말합니다. 우리가 하나님께 찬양을 드려도 모자랄 텐데 하나님이 우리를 보시고 너무 좋아서 노래까지 부르신다는 것입니다. 저는 하나님이 노래를 듣기만 하시는 줄 알았는데, 오늘 성경은 친히 노래를 부르신다고 말합니다. 우리에 대한 기쁨이 얼마나 큰지 서술적인 말로는 다 표현할 수가 없어서 노래를 부르신다는 것입니다. 우리가 침체되어 있다가 간접적인 사랑을 깨닫고 하나님께 감사함으로 나아갈 때 즐거이 노래하시면서 우리를 사랑해 주신다는 것입니다.

하나님은 이런 관계 맺기를 오래전부터, 인간을 처음 만드실 때부터 원하셨습니다. 우리는 하나님의 사랑을 깨닫고 자발적으로 나아가며, 하나님은 우리가 너무 좋아서 노래로 우리의 존재를 기뻐하는 이런 관계를 원하셨습니다. 이 축복은 예수님이 십자가를 지시고 성령을 보내 주심으로써 이루어지게 되었습니다.

버림받고 슬픈 자들의 하나님

하나님은 이 세상에서 쓸모없는 존재 취급을 당하는 자들을 모두 모아서 그들의 하나님이 되겠다고 말씀하십니다. "내가 대회로 인하여 근심하는 자를 모으리니 그들은 네게 속한 자라. 너의 치욕이 그들에게 무거운 짐이 되었느니라"(3:18).

"대회"는 안식일보다 더 큰 특별한 절기, 특별한 예배의 날을 가리킵니다. 그런데 그런 날에 누가 근심하겠습니까? 첫째로, 대회를 열어야 하는데 열 수 없어서 근심하는 자들이 있을 수 있습니다. 대회 날짜는 다가오는데 포로로 잡혀 가 있기 때문에 사람들을 모을 수도 없고 제물을 마련할 수도 없을 때 당연히 근심할 것입니다.

그러나 연이어 나오는 말씀, 즉 "그들은 네게 속한 자라"라는 말씀을 보면 이런 이유로 근심하는 것이 아님을 알 수 있습니다. 여기에서 "근심하는 자"란 대회가 열려도 자격이 없어서 참예하지 못하는 사람들을 가리킵니다. 정통 유대인이 아닌 자들, 혼혈족, 장애인, 이방인들이 바로 근심하는 자들입니다. 그동안에는 잘난 사람들이 그들을 정죄하고 치욕을 주었기 때문에 그것이 그들에게 무거운 짐이 되어서 예배드리고 싶어도 예배드릴 수가 없었습니다. 그런데 하나님은 그런 자들을 모아서 대회를 열게 하시고 거기에 하나님의 복을 내려 주겠다고 하십니다.

하나님은 외모가 아닌 중심을 보시는 분입니다. 하나님은 진정으로 자신을 사랑하는 자들의 예배를 받기 원하십니다. 예수님이 어느 바리새인의 집에 들어가셨을 때 죄인인 한 여자가 그 발에 입을 맞추고 눈물로 닦고 향유를 부어 드렸습니다. 그러나 집 주인인 바리새인은 예수님의 얼굴에도 입 맞추지 않았고 발 씻을 물도 드리지 않았으며 값싼 기름도 발라 드리지 않았습니다. 왜냐하면 자신이 그렇게 심한 죄인이 아니라고 생각했기 때문입니다. 그는 예수님께 감사드릴 이유가 없었습니다. 예수님은 많은 눈물을 흘린 그 여인을 축복하시고 그의 죄가 다 사해졌다고 선포하셨습니다. 하나님이 왜 이렇게 자격 없는 자들을 모아 대회를 여실까요? 이처럼 진정한 감사가 있는 예배, 눈물로 나아오는 예배를 원하시기 때문입니다.

19절을 보십시오. "그때에 내가 너를 괴롭게 하는 자를 다 벌하고 저는 자를 구원하며 쫓겨난 자를 모으며 온 세상에서 수욕받는 자로 칭찬과 명성을 얻게 하리라."

왜 하필이면 "저는 자"를 구원하겠다고 하시는지 생각할 필요가 있습니다. 노예로 팔려 가는 사람은 무엇보다 몸이 성해야 합니다. 병들거나 팔다리를 못 쓰는 노예는 그 자리에서 죽임을 당하기 때문입니다. 그러니까 노예 중에서도 가장 불쌍한 노예는 장애가 있는 자들이었습니다. 그들은 일은 못하면서 양식만 축낸다는 이유로 목숨을 잃어야 했습니다. 그런데도 그들이 살아남는다면 그것은 큰 기적입니다. 하나님은 그들을 괴롭히던 자들을 벌하고 그들로 하여금 건강한 자들이 할 수 없는 일들을 하게 하겠다고 말씀하십니다. 수치와 부끄러움 대신 칭찬과 명성을 주겠다고 말씀하십니다.

우리가 잘 알고 있는 송명희 씨는 뇌성마비 시인입니다. 그러나 그보다 더 깨끗한 영혼을 가진 사람은 아마 없을 것입니다. 전에 그분의 강의를 들은 적이 있는데, 모든 건강한 젊은이들이 그 말에 귀를 기울였습니다. 하나님은 건강한 사람들이 말할 수 없는 아름다운 언어를 그에게 주심으로써 영광을 받으셨습니다.

진짜 복수는 나를 괴롭힌 사람을 망하게 하거나 해치는 것이 아니라, 그 사람을 변화시키는 것입니다. 예를 들어 강도짓한 사람을 감옥에 가두어 놓는 것이 무슨 복수가 되겠습니까? 원수를 망하게 만드는 것은 부끄러운 복수입니다. 원수를 선하게 변화시키는 것이야말로 복수 중에 큰 복수입니다. 우리에게 성령이 임하시면 아무리 강한 자도 능히 이길 수 있습니다. 왜냐하면 힘으로 싸우지 않고 사랑으로 싸우기 때문입니다.

한번 생각해 봅시다. 우리는 세상에서 최고로 훌륭한 사람이 되기 원합니까, 아니면 예수님을 최고로 사랑하는 사람이 되기 원합니까? 예수님을 최고로 사랑하는 사람이야말로 가장 복된 사람입니다. 그는 사랑의 헤게모니를 가지고 있기 때문에 어떤 강한 자도 능히 이길 수 있습니다.

오늘 성경이 우리에게 말씀하는 바가 무엇입니까? 우리에게는 기쁜 소식이 있다는 것입니다. 그것은 우리가 세상에서 당하는 어려움에는 기한이 있으며, 그 기한이 끝나면 시냇가에 심은 나무처럼 든든하게 뿌리를 내리게 된다는 소식입니다. 어떤 어려움에서도 우리를 건져 내실 수 있는 전능자께서 우리의 존재 자체를 기뻐하신다는 소식입니다. 하나님은 저는 자와 쓸모없는 자와 버림받은 자들을 모아서 세상 사람들에게 멋지게 복수하게 하실 것입니다. 그것은 그들을 변화시키는 복수, 그들을 축복함으로써 새 사람 되게 하는 복수입니다.

발붙일 데 없는 힘든 세상에서 믿음으로 뿌리를 내리며 사랑으로 멋진 복수를 하는 주의 백성들이 되시기를 축원합니다.

소선지서 강해설교

스바냐: 심판과 은혜

Expository Sermons on Zephaniah

지은이 김서택
펴낸곳 주식회사 홍성사
펴낸이 정애주
국효숙 김경석 김의연 김준표 박혜란 송승호 오민택
오형탁 이현주 임영주 주예경 차길환 최선경 허은

2005. 2. 22. 초판 1쇄 발행   2013. 4. 12. 초판 7쇄 발행
2020. 3. 31. 개정판 1쇄 인쇄   2020. 4. 14. 개정판 1쇄 발행

등록번호 제1-499호 1977. 8. 1.
주소 (04084) 서울시 마포구 양화진4길 3   전화 02) 333-5161   팩스 02) 333-5165
홈페이지 hongsungsa.com   이메일 hsbooks@hongsungsa.com   페이스북 facebook.com/hongsungsa
양화진책방 02) 333-5163

ISBN 978-89-365-1412-9 (03230)